KB273101

회복의 시대, AI가 만드는 미래

AI 도시, 자연을 닮다

AI 도시, 자연을 닮다

회복의 시대, AI가 만드는 미래

심재국 지음

매일경제신문사

프롤로그

도시는 지금, 스마트시티를 넘어 AI 도시로 나아가고 있다.

AI는 도시의 구조를 설계하고, 흐름을 조율하며, 미래를 예측한다.

센서는 바람의 속도를 감지하고, 알고리즘은 사람의 이동을 해석한다.

이렇게 도시는, 수많은 신호와 계산이 판단으로 이어지며,

더욱 정밀한 시스템으로 모습을 바꾸어가고 있다.

하지만 그 정교함의 도시에는 온기가 없다.

기술은 도시를 똑똑하게 만들었지만,

인간의 마음을 따뜻하게 하지는 못했다.

효율은 높아졌지만, 사람의 온기는 사라졌다.

빛과 바람이 닿지 않는 도시 안에서, 감정은 점점 메말라가고 있다.

나는 어느 날 깨달았다.

그 회색빛 도시는 다름 아닌 나 자신이었다는 것을.

숨 쉬는 법을 잊은 도시, 속도와 성과 속에 스스로를 가두었던 나.

———

AI 도시, 자연을 닮다

멈추지 못했던 시간

얼마 전, 나는 아산병원에서 완치 판정을 받았다.
2016년 폐암 수술을 받은 지 10년 만의 일이다.
"이제 완치입니다. 다시 오지 않으셔도 됩니다."
담담한 의사의 말 한마디에, 힘들었던 지난 시간이 떠올랐다.

그 여름, 나는 회사에서 임원으로 자리를 굳히고 있었다.
명예회장님의 각별한 신임을 받았고,
도시와 부동산 개발에 깊은 관심이 있으셨던 그분의 배려로
직장 생활을 하며, 도시계획 박사학위를 마칠 수 있었다.
회장님은 토목과 건축 분야의 전문가들을 불러
도면을 펼쳐놓고 마치 도시를 설계하듯 토론을 벌이곤 하셨다.

그 자리에서 나의 믿음은 더욱 굳건해졌다.
'도시는 첨단 기술과 인간의 의지로 완성된다.'
그래서 자연도 계산으로 통제할 수 있다고 믿었고,
효율이 시간의 무게보다 우선해야 한다고 생각했다.
도시는 늘 움직여야 했고, 멈추면 실패라고 여겼다.

그 무렵 폐암 선고를 받았다.
하지만 나는 병으로 인해, 나의 여정을 멈출 수 없었다.
수술 일정을 추석 연휴로 잡았고,

진단비 등 회사의 복지 혜택을 포기한 채 수술을 감행했다.

그리고 이틀 만에 출근했다.

그런데 그날 밤, 무리한 일정으로 수술 부위가 터졌다.

응급실의 불빛 아래,

아내의 떨리는 손을 잡으면시도, 나는 애써 두려움을 숨겼다.

그때 나는, 회색빛 도시처럼 살고 있었다.

문제가 생겨도 감추고, 균열을 봉합하며,

겉으로는 정상처럼 보이려 했다.

아픈 줄 알면서도 멈추는 순간 무너질 것 같아 계속 달렸다.

그것이 내가 배운 '도시의 논리'였다.

답답한 도시를 넘어

R&D센터를 조성할 때의 일이다.

최신 공법을 적용해 수직의 옹벽을 세우고,

그 위에 최대한의 넓은 부지를 확보하는 것이 우리의 목표였다.

옹벽을 쌓기 전, 그 부지는 완만한 언덕이었고,

중턱에는 작은 샘물이 있었다.

평소에는 눈에 띄지 않았지만, 장마철이면 제법 많은 물이 흘렀다.

나는 그 정도의 샘물은 배수에 대한 설계와 보강으로

충분히 해결할 수 있다고 믿었다.

공사는 완벽했다. 거대한 옹벽은 반듯하게 세워졌다.
사람들은 '역시 기술의 시대답다'라며 그 웅장함에 감탄했다.

그러나 그해 여름, 장마가 시작되자
작은 샘물이 있던 자리에서 물이 스며 나오기 시작했다.
하단의 패널에서 흙이 밀려 나오는 징후가 보였고,
나는 장마 기간 내내 옹벽을 오가며 마음을 졸였다.

그때 나는 알았다.
기술은 흙의 강도를 계산할 수 있어도,
땅의 기억은 계산하지 못한다는 것.
우리가 무시했던 그 작은 샘물은,
사실, 자연이 오랜 세월 만들어온 '기억의 길'이었음을.

그리고, 깨달았다. 내가 병을 숨기려 했던 것처럼,
도시는 첨단 기술로 자신의 결함을 가리려고 하지만,
자연이 만들어둔 숨구멍까지는 막지 못했다는 것을.

도시는 기술과 효율로 만들어지지만,
그 도시를 살아 있게 만드는 힘은 결국
사람들의 숨결과 기억이라는 사실을 비로소 깨달았다.

감응하는 도시의 탄생

도시는 더 이상 인간의 손끝에서만 만들어지지 않는다.

과거의 도시가 노동으로 세워졌다면,

오늘의 도시는 데이터의 손끝에서 자란다.

AI는 위성의 눈으로 도시를 읽고, 센서의 귀로 그 소리를 듣는다.

도로는 흐름을 예측하고, 건물은 스스로 에너지를 조정하며,

도시는 점점 더 자율적이고 정교해지고 있다.

하지만, 기술의 진보가 도시의 감각을 깨우는 것은 아니다.

기술은 도시를 움직이게 하지만,

도시를 살게 만드는 것은 여전히 자연의 생명력이다.

새로운 문명의 전환기, 이제 우리는 스스로에게 묻는다.

기술이 완벽히 통제하는 도시는, 과연 살아 있는 도시인가?

기술이 문명을 이끌고 있지만,

그 기술이 자연의 언어와 인간의 감각을 이해하지 못한다면,

그 문명은 생명을 잃은 거대한 기계에 지나지 않을 것이다.

이것이 내가 이 책을 쓰는 이유이자,

'AI 도시, 자연을 닮다'가 세상에 던지는 질문이다.

도시와 나

완치 판정을 받은 나는 아내와 함께 한강을 걸었다.
수술을 앞둔 그날의 한강은, 병실 창문 너머로 검푸르게 흘렀는데,
오늘 강변에서의 한강은, 맑은 하늘 아래
푸르고 투명하게 흐르고 있다.

상황에 따라 바뀌는 강의 빛을 보며 생각했다.
도시와 나도 어쩌면 닮아 있는지 모른다.
병들고, 견디고, 다시 회복하며,
언젠가 스스로 생명을 되찾는 존재라는 점에서…

이 책이 말하는 도시의 미래는
'기술이 도시를 얼마나 잘 만들 수 있는가?'가 아니라,
'그 도시는 얼마나 지속 가능한가?'라는 질문이다.
그리고 이 질문은 도시를 넘어,
인공지능 시대의 인간에 관한 질문이기도 하다.

AI가 설계한 도시의 지도를 따라가다 보면,
우리는 결국 인간이 그려온 자연의 기억과 만나게 될 것이다.
이 책은 그 기억을 되살리고,
도시를 다시 살아 있는 존재로 바라보게 하는 이야기다.

진정한 AI 도시는 기술과 자연이 감응하는 도시다.

기술이 자연의 법칙을 배우고, 공간이 인간의 감정을 기억하며,

AI가 도시의 숨결을 감지하고, 인간이 그 의미를 완성하는 곳.

그것이 내가 이야기하려는 'AI 도시, 자연을 닮다'의 본질이다.

그리고 그 변화는 멀리 있지 않다.

당신이 이 책을 읽는 순간,

도시는 당신의 모든 감각을 통해 다시 숨 쉬기 시작할 것이다.

이 책은 그 첫 번째 숨결을 함께 나누기 위한

작고 소중한 초대장이다.

이제 AI 도시가 인간과 자연의 감각을 되찾는 여정을,

이 책과 함께 따라가보자.

CONTENTS

프롤로그   4

추천사   14

1장. AI 도시의 탄생

AI 도시, 기술문명의 전환점   22

스마트시티를 넘어, AI 도시로   30

투명한 도시, 일상화된 감시   39

효율의 도시에서 회복의 도시로   47

2장. 바람이 흐르는 도시

바람을 읽는 기술   58

자연은 최고의 알고리즘   66

바람이 만든 순환의 도시   76

생명의 조건, 기술·인간·자연   86

3장. 물의 기억

물을 읽는 두 시대의 언어   104

동서로 흐르는 강에 삶이 머무는 이유   115

두 물이 만난 공간이 만든 번영   129

치수의 공간에서 친수의 공간으로   138

4장. 도시의 결(結)

콤팩트시티, 과연 정답일까?   155
네트워크의 역설   165
삶도 도시도 순환이 필요하다   175
응어리를 풀어야 중심지가 살아난다   186

5장. 느린 삶과 빠른 AI의 시간

기후 위기 앞에 무력한 도시의 시간   196
미래를 재편하는 AI의 시간   200
시간에 따라 바뀌는 공간의 위계   206
AI, 도시의 시간을 앞당기다   216

6장. AI 도시, 자연을 닮다

기술의 도시에서 생명의 도시로   229
감응하는 가능성의 도시, 코펜하겐   238
AI가 조율하는 생명의 도시   246
회복과 공존을 위한 미래 도시 선언   256

에필로그   264

‘도시 문명의 다음 장(章)을 여는 책’

나는 오랜 시간 도시 정책, 광역교통, 메가시티 등을 연구하며, 도시가 ‘압축과 연결’이라는 틀 속에서 진화해왔음을 지켜보았다. 도시는 언제나 혁신과 변화의 공간이었으며, 그 변화의 방향을 읽어내는 것이 인간의 삶을 이해하는 출발점이었다.

최근에는 이러한 변화가 AI와 데이터 기술로 인해 더욱 빠르게 진행되고 있음을 느낀다. 나는 국가인공지능전략위원회 자문위원으로서, AI가 국가 공간정책과 산업전략에 어떤 영향을 미칠지 연구하고 있으며, 지자체의 도시 운영 방식을 AI로 전환하는 새로운 시도를 현장에서 직접 확인하고 있다.

이러한 경험을 통해 나는, 도시와 AI가 이제 서로의 역할과 관계를 새롭게 정립해야 할 시점에 와 있다는 확신을 갖게 되었다. 이 시점에 읽게 된 《AI 도시, 자연을 닮다》는 도시가 어디에서 왔고 어디로 가야 하는지를 새로운 시각으로 성찰하게 만드는 의미 있는 책이다.

특히 ‘압축의 도시’에서 ‘연결과 순환, 조화’로 이어지는 구조는 현대 도시가 지닌 문제의 핵심을 짚어내며, AI가 도시의 미래를 어떻게 그려 갈지에 대한 방향을 제시하고 있다.

AI가 전 분야에서 중심 화두가 된 지금, AI와 도시를 기술과 자연, 생명의 관점에서 함께 성찰하는 이 책은 이 분야를 연구하는 전문가로서 매우 반갑다.

김현수 단국대학교 교수
국가인공지능전략위원회 자문위원
(전) 대한국토·도시계획학회 회장

'기술이 만든 도시에서, 기술을 넘어선 도시로'

이 책을 읽는 동안 고등학교 시절 친구의 꿈이 다시 떠올랐다. 교지에 남겼던 글 속 '도시의 잿빛 하늘 뒤에는 맑고 청명한 하늘이 있다'라는 문장은 오랜 시간을 지나 《AI 도시, 자연을 닮다》라는 책으로 다시 우리 앞에 돌아왔다.

나는 지난 36년 동안 글로벌 컨설팅과 유수한 IT 기업 및 통신 인프라 현장에서 일해왔다. 업무와 여행을 통해 세계 여러 도시를 경험하며, 기술과 네트워크가 도시를 어떻게 변화시키는지를 가까이에서 지켜보았다. 그 과정에서 깨달은 것은 기술만으로는 도시도, 삶도 완성되지 않는다는 사실이다.

기술은 도시를 지탱할 수는 있지만, 자연과 사람의 일상이 빠진 도시는 완성에 이르기 어렵다.

《AI 도시, 자연을 닮다》는 바로 그 지점을 정확히 짚어낸 책이다. AI와 도시, 자연을 하나의 흐름으로 엮으며, AI 도시를 완성하는 마지막 1%가 무엇인지를 명확하게 보여준다.

AI가 도시의 숨을 읽고 자연의 질서를 이해하며, 사람이 중심에서 그 둘을 조율하는 도시. 이 책은 바로 그 도시의 미래를 설세한다. 기술의 가능성과 도시의 미래를 고민하는 이들에게 이 책을 권한다.

이응준 SK TNS 대표
전 IBM · Microsoft · Accenture 등
글로벌 IT 및 전략 컨설턴트

'인간의 뇌처럼, 우리는 스스로를 배울 수 있을까?'

AI와 뇌과학을 연구하며 내가 계속 던져온 질문이다.

《AI 도시, 자연을 닮다》는 이 질문을 도시라는 공간을 통해, 인간과 사회가 어떻게 신호를 읽고 반응하며 변화해가는지를 보여준다.

이 책에서 AI는 단순한 기술이 아니다. 자연과 사람의 움직임을 읽고, 그 관계를 조율하는 인식 체계다. 이는 뇌가 감각 정보를 통합하며 스스로를 조절해가는 방식과 닮아 있다.

이러한 관점에서 저자는 도시를 건물의 집합이 아니라, 사람의 경험과 기억, 기술과 환경이 함께 움직이며 변화하는 존재로 바라본다. 그리고 그 흐름이 자연과 어긋나지 않을 때, 도시는 비로소 지속될 수 있다고 말한다.

AI 도시, 자연을 닮다

이 책에는 조카로서 느끼는 또 다른 재미가 있다. 서울이라는 도시를 처음 마주했던 기억, 잿빛 하늘 너머를 상상하던 시간, 병과 수술, 그리고 회복의 과정까지. 삼촌의 개인적인 경험을 따라가다 보면, 이 책이 던지는 질문이 자연스럽게 드러난다.

《AI 도시, 자연을 닮다》는 도시를 설명하는 책이기보다, 인간이 어떻게 변화하고 회복해가는지를 묻는 책이다. 기술과 인간, 그리고 삶의 방향을 함께 고민하는 독자에게 이 책을 권한다.

김병관 지브레인 대표
전 미국 국립보건원(NIH) ·
캘리포니아대학교 샌프란시스코(UCSF) 연구원

1장

AI 도시의 탄생

- 기술이 도시를 바꾸다

도시는 언제나 인간의 꿈이 이끄는 방향으로 진화해왔다.
생산과 노동이 중심이었던 산업화의 도시,
정보와 연결이 확장된 정보화의 도시,
ICT와 IoT 기반의 실시간 관리가 가능해진 스마트시티를 지나,
도시는 이제, AI가 학습하고 분석과 예측을 통해
스스로 판단하는 시대로 들어서고 있다.

AI 도시는 먼 미래의 이상이 아닌 현재의 일상이 되었다.
한때 도시는 도로와 건물, 기반 시설로 이루어진
물리적 구조물로 설명되었지만, 오늘의 도시는 다르다.
데이터와 기후, 에너지와 이동, 행정과 일상이 서로 얽히며,
도시는 점차 하나의 지능체로 작동하기 시작했기 때문이다.
AI는 사람보다 먼저 도시의 변화를 감지하고,
도시 전반의 흐름을 읽어내며,
거대한 두뇌처럼 판단하고 반응한다.

이렇게 기술은 도시를 놀라울 만큼 정교하게 만들었다.
도시는 점점 더 빠르고 효율적으로 움직인다.
그러나 우리는 오늘, 그 속에서 또 다른 질문과 마주하게 된다.

이렇게 똑똑해진 도시에서, 도시의 주인은 여전히 인간인가?
AI가 설계하고 계산하는 도시에서 인간은
도시의 주도자가 맞는가?

AI 도시, 자연을 닮다

혹시, AI의 도시에서 인간은 분석되고 예측되는
대상이 된 것은 아닐까?

높은 효율과 빠른 속도를 기준으로 재편되는 도시는,
더 정교하게 움직이며 인간에게 편리함을 제공하지만,
그 도시에 살아가는 인간은 자율성이 잠식되고, 생활은 통제되며,
일상의 활동은 기계적인 데이터로 전락하고 있는지
생각해봐야 한다.

이 장은 바로 그 질문에서 출발한다.
AI는 도시의 무엇을 바꾸고 있는가.
도시의 운영 방식만을 바꾸고 있는가,
아니면 인간과 도시의 관계를 완전히 새로 쓰고 있는가.

AI 도시가 등장한 배경과 그 운영 방식을 따라가며,
기술이 도시를 어떻게 재편하고 있는지,
그리고 그 변화가 인간의 삶에
어떤 새로운 조건을 만들어내고 있는지를
이 장에서 살펴볼 것이다.

이 책의 긴 여정은 여기서부터 시작된다.

AI 도시,
기술문명의 전환점

도시는 이제, 스마트시티의 단계를 넘어섰다. 더 빨라진 교통과 효율적인 행정을 갖춘 도시를 넘어, 도시는 이제 스스로 상황을 읽고 판단하는 단계로 이동하고 있다. AI 도시의 시대가 열린 것이다.

AI는 더 이상 도시를 '관리하는 도구'가 아니다. 도시의 변화를 예측하고, 문제를 사전에 감지하며, 상황에 따라 스스로 대응하는 도시의 감각기관이다.

교통과 에너지, 안전과 환경이 하나의 판단 체계 안에서 연결되면서, 도시는 점차 스스로 판단하고 반응하는 존재처럼 행동하기 시작했다. 기술이 도시를 다시 설계하는 문명적 전환점은, 바로 이런 변화 속에서 시작되고 있다.

이 변화는 이미 현실이 되었다. 싱가포르와 서울은 AI가 도시의 작동 방식을 어떻게 바꾸고 있는지를 가장 분명하게 보여주는 대표적 사례다. 이 두 도시를 따라가다 보면, AI 도시가 더 이상 미래의 개념이 아닌 이미 움직이고 있는 현재형 도시임을 확인하게 된다.

싱가포르, 잠들지 않는 도시의 감각 회로

밤의 싱가포르는 잠들지 않는다. 도로 위의 신호등은 교통량에 따라 스스로 색을 바꾸고, 인적이 줄어든 거리는 조명의 밝기를 낮춘다. 하수관로에 설치된 수천 개 센서는 수위를 감시하며, 홍수 위험이 감지되면 AI는 즉시 물길을 조정한다.

이 모든 움직임은 '버추얼 싱가포르(Virtual Singapore)'라는 국가 단위의 3D 디지털 트윈 플랫폼에서 이루어진다. 버추얼 싱가포르는 현실 도시를 정밀하게 복제한 '또 하나의 가상 도시'다. 이곳에서는 교통과 에너지, 환경과 안전 등의 문제를 현실에서 발생하기 전에 먼저 시뮬레이션하고, 그 결과를 다시 도시 운영 전략에 반영한다.

가상 도시에는 건물의 배치와 그림자, 인구 이동, 교통과 바람의 흐름까지 모두 촘촘하게 반영되어 있다. AI는 이 모든 요소를 스캔하듯 읽어내 도시가 맞이할 변화와 위험을 예측하고 있다.

도시 전체를 정밀하게 재현한 디지털 트윈에서 AI는 교통과, 물, 바람, 열 등의 흐름을 읽고 조율하며, 도시의 숨은 문제들을 미리 찾아 개선하고 있다.

싱가포르는 더 이상 문제가 발생한 뒤에 대응하는 '수동적 도시'가 아니다. 도시 곳곳에서 수집되는 교통, 기후, 인구 이동, 강의 수위와 같은 데이터를 바탕으로 AI는 도시의 변화를 실시간으로 읽어낸다. 이를 통해 혼잡이나 침수, 열섬과 같은 위험을 예측하고, 문제가 커지기 전에 신호 체계를 조정하며, 물길과 교통의 흐름을 바꾸어 도시의 부담을 분산시키는 방식으로 선제적으로 대응한다.

이 도시에서 AI는 '도시의 감각 중추(Urban Sensory Core)'다. 도시 곳곳에서 수집되는 교통과 기후, 에너지 등 다양한 정보를 바탕으로 상황의 변화를 읽고 보이지 않는 두뇌처럼 도시 전체의 움직임을 조율하는 역할을 한다.

서울, 데이터의 순환으로 움직이는 도시

싱가포르가 데이터를 이용해 도시의 감각을 넓히고 다가올 위험을 선제적으로 감지하는 도시라면, 서울은 데이터를 순환시키며 스스로 판단하고 움직이는 도시다.

사진 2. 서울 강남 야경

도시를 흐르는 수많은 신호는 AI가 교통·에너지·안전을 조율하는 '도시 신경망'이다. 서울의 밤은 기술이 만들어낸 또 하나의 생명처럼 살아 움직인다.

하루 약 3,170만 건의 통행이 이루어지는 서울에서, 교통 상황을 사람의 판단만으로 관리하는 데는 분명히 한계가 있다. 이 때문에 방대한 교통 데이터를 실시간으로 통합하고 분석해 교통의 흐름을 조율하는 시스템이 필요해졌고, 그 역할을 맡고 있는 곳이 서울교통정보센터(TOPIS)다.

TOPIS는 도로와 교차로에서 수집되는 대규모 교통 데이터를 AI 기반 알고리즘으로 분석해, 신호 체계와 차량 흐름을 실시간으로 조정한다. 정체가 심해질 가능성이 보이면 신호 주기를 바꾸고, 교통량을 분산시켜 도시 전체의 흐름이 한쪽으로 쏠리지 않도록 관리하고 있다.

건물과 에너지 관리 역시 같은 방식으로 진화하고 있다. 이미 서울의 대형 건물 곳곳에 설치되어 운영 중인 건물 에너지 관리 시스템(BEMS)은 각 건물 안에서 실내의 밝기와 온도, 공기의 흐름 등을 고려해 필요할 때만 에너지가 쓰이도록 조절한다.

이와 달리, 도시 에너지 관리 시스템(CEMS)은 개별 건물에서 관리되는 에너지 정보를 도시 단위로 모아 전체적인 에너지의 흐름을 조율하는 역할을 한다.

이런 시스템이 도시 전체로 확산되면서, 서울은 건물마다 별도로 에너지를 관리하는 도시가 아니라, 도시 전체의 에너지 흐름을 함께 최적화하는 단계로 나아가고 있다.

이처럼 에너지 관리에서 생성되는 데이터는 교통과 환경, 행정과 생활정보 등과 함께 서울데이터허브를 통해 하나로 연결된다. 이 데이터들이 분절되지 않고 함께 흐르며, 서울은 점차 하나의 지능형 도시 신경망(Intelligent Urban Neural Network)처럼 움직이기 시작한다.

이 신경망을 읽고 조율하는 주체가 바로 AI다. AI는 센서 정보와 운영 데이터, 행정 정보를 통합해 도시의 상태를 감지하고, 변화를 예측하며, 조정으로 이어지는 순환의 과정을 스스로 수행한다. 그 결과 도시는, 사람의 개별 판단에 의존하던 단계에서 벗어나 데이터를 바탕으로 스스로 판단하고 최적의 해법을 제시하는 방향으로 진화하고 있다. 서울은 지금 데이터를 '모으는 도시'를 넘어, 이 데이터를 이해하고 활용하는 본격적인 AI 도시로 전환되고 있다.

이러한 변화는 싱가포르와 서울만의 이야기가 아니다. 두바이는 도시 운영 전반을 AI 기반 자율 시스템으로 전환하며 'AI 퍼스트 시티'를 실험하고 있고, 바르셀로나는 기술을 효율의 수단이 아니라 시민의 일상과 감정에 반응하는 도구로 활용하고 있다. 접근 방식은 다르지만, 위의 네 도시는 모두 AI를 도시의 외부 기술을 덧붙이는 것이 아니라, 도시 내부의 운영 원리로 받아들이고 있다는 점에서는 같은 방향으로 나아가고 있음을 알 수 있다.

새로운 문명의 서막, AI 도시

도시는 이제 사람과 환경의 움직임에 스스로 반응하는 존재로 진화하고 있다. 그리고 그 변화의 중심에는 도시를 읽고 해석하는 AI가 있다. AI 도시는 인간이 일일이 시시하지 않아도 방대한 데이터를 기반으로 도시의 상태를 판단하고 조율하는 새로운 도시 운영의 방식이다.

도시 곳곳에서 측정되는 기온과 대기질, 열 환경 등 자연환경 데이터와, 보행과 차량, 대중교통 이용 등 인간의 이동 데이터, 전력 수요와 에너지 소비 패턴에 관한 정보는, AI를 통해 통합 분석되며 도시 운영의 판단 근거가 된다. 도시 운영은 개별 명령이 아니라 실시간 판단과 조율을 통해 이루어진다. AI 도시는 이렇게 변화하는 조건에 맞춰 스스로 균형을 조정하는 운영 구조를 갖는다.

과거의 도시는 소수의 컨트롤타워와 규칙에 의존해 운영되었다면, AI 도시는 수많은 센서와 데이터, 알고리즘이 서로 연결되고 학습하며, 환경 변화에 적응하는 자기조직화(Self-organizing) 구조를 갖는다. 중앙의 명령이 아니라, 곳곳의 분산된 판단이 모여 도시의 질서를 만들어내는 방식이다.

그러나 이러한 변화는 단순한 기술 발전의 문제로만 볼 수 없다. AI 도시는 속도와 효율을 극대화한 도시가 아니기 때문이다. 기술은 인간의 감각을 이해하고, 도시는 사람의 삶과 자연의 리듬에 맞춰 조정된다.

그 결과, 도시는 자연과 기술, 인간이 함께 움직이는 새로운 도시 문명
으로 나아갈 수 있다.

이것이 바로 오늘날 우리가 마주하고 있는 AI 도시의 본질이다.

스마트시티를 넘어,
AI 도시로

AI는 신호등이나 센서 같은 개별 기능을 자동화하는 기술이 아니다. 도시 전반의 상태를 감지하고 변화를 예측하며, 교통과 에너지, 환경의 흐름을 종합적으로 조율하는 도시의 운영체계다.

이제 도시는 인간의 개입 없이도 스스로 판단하기 시작했다. 수많은 데이터가 연결된 도시 안에서 AI는, 도시의 상태를 읽고, 변화에 맞춰 운영 방식을 스스로 조정하는 역할을 하고 있다.

도시는 새로운 기술이 등장할 때마다 그 모습을 바꾸어왔다. 산업혁명은 공장을 중심으로 도시를 재편했고, 정보혁명은 네트워크가 도시의 구조를 결정하는 시대를 열었다. 그리고 지금의 AI 혁명은 도시의 운영을 개선하는 수준을 넘어, 도시의 운영 원리와 움직임 자체를 새롭게 설계하는 단계로 진화하고 있다.

데이터 회로 위에 세워진 도시는 AI가 밀도·흐름·운영을 실시간으로 조율하는 콤팩트시티의 미래를 상징한다.

이 변화는 갑작스럽게 시작된 것이 아니다. AI 도시는 스마트시티가 열어놓은 데이터 기반 운영의 연장선에서 등장했기 때문이다.

스마트시티의 등장

도시의 역사에서 중요한 전환점 중 하나는 스마트시티였다. 스마트시티는 도시 곳곳에 센서와 네트워크를 심어 데이터를 모으고, 그 데이터를 기반으로 도시를 효율적으로 '관리'하려는 시도에서 만들어졌다.

교통량을 실시간으로 인식하고, 에너지 사용을 최적화하며, 쓰레기 수거와 시설 운영의 효율을 높인 도시는 분명 이전보다 훨씬 '똑똑한 도시'로 진화했다. 그러나 이 단계에서 도시의 판단과 해석의 주체는 여전히 인간이었다. 스마트시티는 데이터를 시각화하고 일부 기능을 자동화하는 데는 성공했지만, 도시가 스스로 학습하고 판단하며 움직이는 단계까지 나아가지는 못했다.

스마트시티에서 AI 도시로

AI 도시는 여기서 한 단계 더 나아간 개념이다.

도시는 단순히 데이터를 저장하는 공간이 아니라, 그 데이터를 스스로 학습하고 해석하는 존재로 발전한 것이다. AI 도시는 도시 운영의 핵심에 인공지능과 머신러닝 기술을 도입해, 교통 신호와 에너지, 방재, 물류와 치안 등 도시 시스템이 스스로 학습하고 판단하며, 자율적으로 운영되도록 만드는 도시를 말한다.

이제 도시의 주요 기능은 사람의 지시를 기다리기보다, AI의 계산과 예측을 중심으로 먼저 움직이고, 필요하면 스스로 조정할 수 있게 되었다.

스마트시티와 AI 도시의 차이는 분명하다.

스마트시티의 핵심이 '연결(Connectivity)'이었다면, AI 도시는 '학습

(Intelligence)'과 '자율(Autonomy)'을 기반으로 한다. 스마트시티가 도시 기능을 효율적으로 운영했다면, AI 도시는 도시 구조 자체를 근본적으로 재구성한다.

이 차이는 도시 현장에서 더욱 잘 드러난다. 스마트시티의 교통 체계가 혼잡을 인식해 신호를 조정했다면, AI 도시는 사고 가능성을 예측해 도로의 흐름 자체를 재구성한다. 스마트시티가 에너지를 모니터링하는 데 그쳤다면, AI 도시는 기후와 시간대, 인구 이동을 학습해 전력망 운영 방식 전체를 재편하게 된다.

도시는 이제 단순한 '물리적인 공간'이 아니다. 데이터를 통해 학습하고 예측하며, 스스로 균형을 맞추는 살아 있는 유기체로 진화하고 있다.

설계하는 인간에서, 설계되는 인간으로

AI 도시는 인간의 역할까지 바꾸고 있다. 도시가 스스로 판단하고 움직이기 시작하면서, 그 과정에 참여하는 인간의 위치와 책임 역시 달라지고 있기 때문이다. 이 변화는 당장 눈에 띄지 않는다. 그러나 AI 도시가 고도화될수록, 도시의 주체는 우리가 인식하지 못하는 사이에 조금씩 이동하고 있다. 그동안 도시를 설계하던 인간은 이제, '설계하는 존재'에서 AI가 학습하는 '데이터의 대상'으로 그 위치가 재편되고 있다.

도시의 각 시스템은 인간의 행동을 관찰하고, 그 패턴을 학습해 스스로 새로운 규칙을 만든다. 인간은 도시를 만들지만, 동시에 도시의 알고리즘 안에서 다시 설계되는 존재가 되기도 하는 것이다.

서울 세종대로의 AI 자율신호 체계가 그 대표적 사례다.

이 시스템은 수백만 건의 이동 패턴을 학습해 신호의 주기와 순서를 스스로 조정한다. 이때 운전자는 도로 이용자일 뿐 아니라, AI가 실시간으로 분석하는 '행동 데이터'의 일부로 격하되기도 한다. 도로의 흐름은 원활해지고 더욱 정교해지겠지만, 그 흐름을 유지하는 과정에서 인간은 하나의 '예측 가능한 변수'로 다루어지기 시작하고 있다. 이는 부인하기 어려운 사실이다.

AI가 인간의 행동을 학습하는 과정은 교통이나 주거 같은 도시 운영에 한정되지 않고, 소비와 행정을 포함한 일상 전반으로 빠르게 확장되고 있다.

두바이의 스마트 디스트릭트에서는 방문자의 얼굴과 행동, 체류 시간을 실시간으로 분석해 조명과 온도, 음악까지 상황에 맞게 조정한다.

또, 일본 도요스 지역의 AI 스마트홈 역시 가족의 생활패턴을 선행학습해 조명과 환기, 문의 개폐를 스스로 제어하고 있다. 이 두 가지 사례는 공간이 더 이상 고정된 배경이 아니라, 인간의 반응을 읽고 예측하며 먼저 움직이는 존재로 바뀌고 있음을 보여준다.

AI는 인간을 어떻게 학습하는가?

AI는 인간을 단순한 '이용자'로 취급하지 않는다. AI는 사람들의 움직임과 선택이 남긴 흔적을 통해 인간을 이해하고, 그 이해를 바탕으로 스스로의 규칙을 만들어가기 때문이다.

사람들이 어떤 경로를 선택해 이동하는지, 교통 흐름이 어디서 정체되고 어떤 시간대에 이동 수요가 집중되는지 등은 교통 시스템이 학습하는 핵심 데이터가 된다. 그리고 이 정보는 신호 주기와 우회 경로, 혼잡 대응 방식에 반영된다. 또 무엇을 소비하고, 얼마나 머무르며, 어떤 공간을 반복해서 찾는지는 상업과 서비스 배치 기준으로 축적된다.

보행 방식도 AI의 중요한 학습 대상이다. 사람들이 어떤 길을 편하게 느끼는지, 어디서 멈추고 머무는지, 군중이 어떻게 모이고 흩어지는지 등은 보행 동선과 공간 설계의 판단 기준이 된다. 또, 주거 공간에서는 하루의 생활 리듬, 에너지 사용 패턴, 실내 환경 변화가 기록되고 분석된다.

AI는 이렇게 축적된 데이터를 통해 '평균적인 인간의 행동 모델'을 만들어낸다. 그리고 그 모델을 기준으로 신호와 조명, 안내와 서비스의 우선순위를 조정하게 되는 것이다.

도시는 더 편리해지지만, 그 편리함은 인간의 행동이 예측 가능한 범위 안으로 정리된 결과이며, 도시가 사람들을 이해하는 방향으로 진화하는 것은 데이터로 전환된 인간의 모습을 전제로 한다고 볼 수 있다.

도시 행정에서도 같은 변화가 나타나고 있다. 버추얼 싱가포르는 정책이 만들어낼 결과를 사전에 시뮬레이션하며, 도시 운영의 많은 판단을 경험과 직관이 아닌 AI의 예측 결과에 근거해 내리도록 하고 있다.

데이터로 재편되는 도시 위계

데이터는 AI 시대 도시의 지도를 다시 그리고 있다. 도시의 중심성을 결정하던 기준 역시, 이제는 데이터에 의해 새롭게 정의되고 있다.

과거의 도시는 인구와 산업, 교통이 중심지를 형성했다. 그러나 AI 도시에서는 데이터의 밀도와 네트워크의 결절성이 새로운 중심을 만든다. 어떤 지역이 주목받는가는 이제, 얼마나 많은 데이터가 생성되고 축적되며 교환되는지에 따라 결정된다.

데이터의 양은 도시 기능이 어디에 배치될지를 좌우하고, 데이터가 이동하는 속도는 자본과 산업이 집중되거나 확산되는 속도를 결정한다. 거대 플랫폼 기업의 서버가 들어선 지역이 새로운 산업의 중심으로 떠오르는 반면, 데이터의 흐름이 느린 지역은 공공서비스조차 제때 도달하지 못한 채 도시 안의 또 다른 주변부로 밀려나기도 한다.

이로 인해 오늘날의 도시는 더 이상 전통적인 의미의 '중심과 외곽'만으로 설명하기 어렵다. 도시는 데이터가 축적되는 핵과, 데이터가 빠져나가는 주변으로 나뉘는 새로운 위계 구조 속에서 재편되고 있다.

AI 알고리즘은 도시 운영을 더욱 효율적으로 만든다. 그러나 그 과정에서 지역과 기능, 사람의 우선순위는 이전과는 다른 방식으로 배열된다. 교통 신호는 혼잡도가 높은 지역을 먼저 열어주고, 에너지 배분은 예측 정확도가 높은 지역을 우선한다. 재난 경보 역시 데이터가 풍부한 지역에서 더 빠르게 작동한다.

이러한 구조는 겉으로는 합리적으로 보이지만, 실제로는 데이터가 축적된 지역을 반복적으로 유리하게 만드는 방향으로 움직인다. 데이터가 쌓일수록 서비스는 더 정교해지고, 그 결과 사람과 기업은 효율이 높은 곳으로 다시 모여든다. 도시는 이렇게 데이터가 만들어낸 새로운 중력에 따라 서서히 재편되고 있다.

이 재편은 매우 빠르고, 동시에 견고하게 진행되고 있다. 그 결과 도시는 새로운 위계와 중심성을 형성하게 되었고, 이 질서는 과거의 공간 불평등을 설명하던 개념만으로는 더 이상 충분히 해석하기 어려운 단계에 이르렀다.

완벽한 도시에 싹트는 인간 소외

AI 도시는 오차 없이 완벽하게 움직인다. 데이터는 도시의 변화를 실시간으로 포착하고, 알고리즘은 방대한 도시의 흐름을 계산해, 교통과 에너지, 행정의 영역까지 실시간으로 운영에 반영되고 있다. 이러한 도시에서는 인간의 개입이 없어진다고 해도 아무런 문제가 없어 보이고,

실제로 인간의 자리는 줄어들고 있다.

　도시 운영의 판단은 점차 알고리즘의 계산에 맡겨지고, 인간의 행위는 그 계산을 고도화하기 위한 학습 데이터로 쌓이게 된다. 이 과정에서 인간의 감정이나 우연성은 알고리즘의 정확도를 떨어뜨리는 변수로 인식되어, 제거하거나 최소화해야 할 요소로 다루어지기도 한다.

　물론 AI가 도시 운영을 맡으면서 효율이 높아진 것은 부인할 수 없다.

　교통은 덜 막히고, 에너지는 낭비 없이 분배되며, 서비스는 더 빠르고 정확해졌다. 그러나 이 효율은 대가를 요구한다. 도시가 더 매끄럽게 움직일수록, 운영을 뒷받침하는 규칙과 기준은 늘어나고, 인간의 선택은 그 틀 안으로 수렴되기 때문이다.

　그렇다면, 알고리즘이 내리는 이 판단은 과연 중립적이고 공정한가?

　문제는 그 판단이 인간의 선택으로 만들어진다는 점이다. 알고리즘의 설계에는 개발자의 관점과 조직의 이해관계가 반영되고, 데이터 역시 이미 선택되고 걸러진 현실의 일부일 뿐이다. 완벽해 보이는 도시의 이면에서, 인간 소외는 이렇게 일상에서 진행되고 있다.

투명한 도시,
일상화된 감시

도시가 투명해진다는 것은, 누군가 더 많이 '본다'라는 뜻이다. 그것은 관리가 잘 이루어진 도시를 의미하기도 하지만, 동시에 도시가 인간의 일상을 이전보다 더 깊이 들여다보기 시작했음을 뜻한다.

도시의 시선은 이제 교통이나 환경에 머물지 않는다. AI는 인간의 이동과 체류, 선택의 패턴을 동시에 읽어내며, 도시를 하나의 연속된 장면으로 재구성하고 있다.

그 순간부터 도시는 관리의 대상이 아니라, 인간을 바라보는 관찰자로 전환된다.

도시가 투명해질수록 인간의 움직임은 분명하게 드러난다. 과거에는 포착되지 않던 행동과 선택까지 데이터로 기록되기 때문이다. 이 순간부터 인간은 도시를 관리하는 존재에서, 도시에 의해 관찰되고 분류되는 대상으로 위치가 바뀐다. 투명해진 도시는 통제의 범위를 넓혀가고, 인간의 자유는 점차 도시의 규칙 속으로 편입되기 시작한다.

AI가 만든 '투명한 도시'

AI는 도시의 효율을 높이는 기술을 넘어, 도시의 새로운 감각기관으로 활용되기 시작했다.

수백만 개의 센서와 카메라, 실시간으로 흐르는 데이터가 인간의 눈을 대신해 도시의 '시야'를 확장하고 있다. 도시는 이 확장된 시야를 바탕으로 스스로 판단하고 반응하는 초기적 형태의 자율 도시로 향하고 있다. 그 과정에서 '투명한 도시'라는 새로운 도시상이 등장했고, 이는 이미 세계 곳곳에서 현실이 되고 있다.

런던 교통공사(TfL)는 지하철역 운영 방식을 AI 기반의 '스마트 스테이션(Smart Station)'으로 전환하는 실험을 진행해왔다. 그 대표적인 사례가 런던 북서부에 있는 지하철역, 윌즈던 그린(Willesden Green)이다.

이 역에서 AI는 승객의 흐름을 실시간으로 분석한다. 혼잡 상황은 물론, 충돌 가능성이나 위험한 행동, 추락 위험처럼 사람이 즉시 알아채기 어려운 장면들을 먼저 감지한다. 2022년 10월부터 약 1년 동안, AI는 이

역에서 4만 4,000건이 넘는 이상 징후를 포착했다. 이 가운데 약 43%에 해당하는 1만 9,000건은 실시간으로 역무원에게 전달되어 즉각적인 대응으로 이어졌다.

사람이 인식하기 전에 AI가 먼저 위험을 읽어내는 도시에서, 투명성은 더 이상 편리함의 문제가 아니다. 그것은 인간의 행동이 데이터 속에서 끊임없이 포착되고 확인되는, 감시의 일상화를 의미한다. 런던의 사례는 이러한 변화가 실험이 아니라, 이미 일상 속 현실임을 보여준다.

런던이 개별 공간의 투명화를 보여준 사례라면, 다음 도시들은 이러한 투명성이 도시 전체로 확장될 때 어떤 변화가 나타나는지를 보여준다.

중국 저장성의 성도(省都)이자 알리바바 본사가 위치한 항저우는, 도시 전체를 하나의 플랫폼처럼 관리하는 '시티 브레인(City Brain)'을 도입한 곳이다. 이 시스템은 1만 대 이상의 카메라와 다양한 센서, 실시간으로 쌓이는 교통과 안전, 행정 데이터를 통합해 도시 전체를 하나의 디지털 신경망처럼 작동하게 만들고 있다.

항저우시는 '시티 브레인(City Brain)'을 통해 104개 교차로의 평균 주행 속도를 약 15% 향상했다. 사고가 발생하면 구급차의 최적 경로를 자동으로 계산하고, 불법 주차 단속까지 AI가 수행한다. 그동안 사람이 맡아왔던 '보고, 판단하고, 조치하는' 과정이 도시 내부에서 사람의 개입 없이 이루어지고 있음을 보여주는 사례다. 항저우는 도시 단위의 AI 운영체계가 어디까지 확장될 수 있는지를 보여주는 거대한 실험장이다.

이러한 변화는 특정 국가에 한정된 현상이 아니다. 서울 역시 이 변화에 함께하고 있다. 서울의 AI 도시 시스템은 교통과 에너지, 보안 데이터를 통합해 도시 전반을 관리하고 있다. 디만, 그 운영 방식은 항저우처럼 눈에 띄게 드러나지 않는다. 신호는 자연스럽게 바뀌고, 에너지는 예측에 따라 조정되며, 위험 상황은 시민이 인식하기 전에 먼저 감지된다. 도시는 스스로 판단하고 운영되지만, 사람들의 생활을 방해하지 않는 방식이므로 시민들은 일상에서 변화를 느끼지 못한다.

최근 도시의 효율이 높아진 것은 분명하다. 그러나 그와 동시에 인간의 행동 하나하나가 기록되고 분석되는 도시로 변화하고 있다는 것도 사실이다. 인간은 더 이상 도시를 관리하는 주체라기보다, 투명한 도시 속에서 관찰되는 존재로 이동하고 있다. 이것이 바로 '투명한 도시'가 가진 본질일 것이다.

감시의 빛, 위협받는 시민의 자유

AI의 등장으로 도시는 투명해졌으며, 다양한 위험 요소는 확실히 줄어들었다.

실제로 도시에서 사고에 대한 대응은 더 빨라졌으며, 범죄율 또한 감소했다. 그러나 투명성이 일상으로 확대되는 순간, 시민들의 일상과 사

AI 도시, 자연을 닮다

생활의 침해는 피할 수 없는 현실이 되었음도 분명하다.

반짝이는 도시, 모든 움직임은 데이터로 기록된다. 도시가 투명해질수록, 인간의 자유는 조금씩 그 빛 속에 갇히게 된다.

런던시는 2023~2024 회계연도에 CCTV 네트워크를 25% 확대했다. 2,500대가 넘는 카메라는 시민의 동선을 실시간으로 분석하고 있으며, AI는 이 중 '비정상적 행동'을 자동으로 분류하고 있다.

도쿄 지하철도 마찬가지다. 철로에 대한 무단 접근, 시민에 대한 폭력적 제스처 등 지하철 내외부에서의 고위험 행동을 AI가 즉시 탐지하는 체계를 도입했기 때문이다. 이때 카메라는 단순한 기록 장치를 넘어서서 무엇이 허용되고 무엇이 의심받는지를 규정하는 규범의 장치로 변하게 된다.

이렇게 도시는 보이지 않는 통제의 방식으로 변해가고 있다.

우리는 도시의 거리와 광장, 지하철역을 자유롭게 걷는다. 그러나 그 자유는 알고리즘이 허락한 범위 안에서만 가능하다. 투명성의 확대는 안전이라는 명분으로 시작되었지만, 그것은 이느새 인간의 이동과 신택, 체류의 순간까지 정밀하게 감시하는 장치로 변해버렸다.

감시의 빛은 도시를 더 투명하게 만들었지만, 그 투명함 속에서 인간의 자유는 조금씩 줄어들고 있음은 확실하다.

인간의 판단이 줄어드는 도시

AI가 도시를 정밀하게 운영할수록 인간이 판단해야 할 영역은 지속해서 줄어들 것이다. 길을 선택하고, 시간을 조정하며, 위험을 예측하는 과정은 알고리즘의 계산이 인간의 경험보다 훨씬 더 정밀하고, 더 많이 활용되고 있기 때문이다.

뉴욕의 '도메인 인식 시스템(Domain Awareness System, DAS)'은 수만 대의 카메라와 번호판 인식기, 신고 데이터를 통합해 도시의 위험 징후를 스스로 판별하고 경보를 발령한다. 상황에 따라서는 경찰 배치와 대응 우선순위까지 AI의 판단에 따라 결정된다.

편리함은 인간의 결정을 줄이고, 인간의 자율성을 약화시킨다. AI는 인간을 돕는 기술에서 인간의 판단 구조를 대체하는 장치로 변하고 있다. 도시가 똑똑해질수록, 인간은 덜 선택하고, 덜 고민하며, 덜 결정한다. 그것은 도시에서 인간이 차지하는 주체성이 축소되고 있다는 것을 의미한다.

그러나, 우리가 기억해야 할 것이 있다. AI는 소음과 열을 정확히 계산하지만, 인간의 감정이나 관계의 온도까지는 읽어내지 못한다. AI의 도시 안에서 인간은 점점 더 투명한 존재가 되어가고, 사람의 마음이 교차하던 공간은 좌표와 패턴, 수치와 예측으로 치환된다. 그리고 그 과정에서 인간의 판단과 감정이 머물 자리는 점점 좁아지고 있다.

투명해진 도시에서, 인간은 어디에 머물 수 있는가? 이 질문으로 다음 챕터를 연다. 효율을 넘어, 회복으로.

우리가 살펴본 도시 외에도 여러 대도시는 '보이지 않는 감시의 도시'
로 평가된다.

① 싱가포르 – Safe City Testbed

국가 차원의 CCTV, 센서 네트워크를 연계해 군중의 흐름, 범죄 가능
성, 긴급 상황을 실시간으로 분석하는 도시 관제 플랫폼이다. 싱가포
르는 도시 전역에서 AI 기반 영상 분석이 상시 가동되는 대표 사례다.

② 두바이 – Falcon Eye Program

도로와 상업지, 주거지를 아우르는 광범위한 감시망으로 차량과 보행
자, 사람의 행동 패턴을 실시간 추적한다. '도시 전체를 하나의 관제실
처럼 운영한다'라는 두바이 경찰의 설명이 이를 상징적으로 표현하고
있다.

③ 시카고 – Project HALO & 스마트 폴 네트워크

총기음 탐지(ShotSpotter), 번호판 인식기(ALPR), 스마트 조명, 소음 센서
등을 통합해 치안과 교통, 도시 안전 데이터를 실시간으로 분석한다.
시카고는 미국 내에서 가장 적극적으로 AI 기반 도시 감시를 확대한
도시 중 하나다.

효율의 도시에서
회복의 도시로

북경 자금성의 북쪽에는 도심 한가운데서는 좀처럼 보기 힘든, 흙으로 쌓아 올린 인공 언덕이 있다. 이 언덕의 이름은 '징산공원(景山公园, 경산공원)'이다. 이 언덕은 단순한 조형물이라기보다, 북쪽에서 불어오는 찬 바람을 막아 궁을 보호하기 위해 세워진 인공의 산으로 알려져 있다.

징산공원은 자금성을 둘러싼 방어용 인공수로, 즉 해자를 파내며 나온 흙을 모아 쌓아 올린 구조물이다. 궁을 보호하기 위해 판 물길의 흙이, 다시 궁의 뒤를 지키는 산이 된 셈이다. 사람들은 자연의 산세가 부족하자 산을 만들고, 기운의 흐름이 끊긴 자리에 다시 맥을 잇고자 했던 것이다. 산이 없으면 산을 만들고, 맥이 끊기면 맥을 잇는다는 생각은, 인간이 자연의 질서를 거스르기보다 그것을 보완하고 이어가려 했던 의지가 만들어낸 풍경이라고 할 수 있다.

이것은 자연의 흐름을 복원하고, 궁의 기운을 보호하기 위해 쌓아 올린 전통적 비보(裨補)의 상징이다.

그들이 한 일은 거창한 개발이 아니다. 단지, 끊긴 흐름을 잇고 비어 있는 지형에 새로운 역할을 부여하는, 도시가 스스로 균형을 잡도록 돕는 '보완(補完)'이다. 도시는 이 작은 행위로 숨 쉴 수 있게 되기도 한다.

그러나 오늘의 도시는 그 지혜를 잊어버렸다. 산은 깎였고, 강은 직선으로 변했으며, 땅은 터널과 지하도로로 관통되었다. 밀집된 도시에서 바람은 길을 잃었고, 빠져나가지 못한 열은 도시 위에 고여 있다.

AI는 교통과 에너지를 정밀하게 관리한다. 그러나 AI의 계산은 개별 시스템의 효율에 머물 뿐, 도시 전체가 숨을 고르고 열을 식히지는 못하고 있다. 완벽한 효율을 향해 설계된 도시는, 아이러니하게도 스스로 열을 배출하지 못한 채 과열되는 것이다.

이러한 변화는 특정 도시에서만 나타나는 예외적인 현상이 아니다. 세계 곳곳의 이른바 AI 도시들은 제도와 문화가 다름에도 불구하고, 비슷한 방향으로 진화하고 있기 때문이다.

AI가 도시 운영에 깊이 관여하면서, 도시는 이전보다 훨씬 빠르고 효율적으로 움직이기 시작했다. 교통의 흐름은 매끄러워졌고, 도시 간, 또는 도시 내부의 소통은 한층 원활해졌다. 에너지는 사용 패턴에 따라 정교하게 관리되고, 도시 시스템 전반의 낭비는 눈에 띄게 줄어들었다.

그러나 이러한 효율의 축적이 곧바로 도시의 쾌적함으로 이어지지는 않는다. 도시는 분명 더 빨라졌지만, 그 속도를 감당하는 사람들은 더 쉽게 피로해진다. 에너지는 절약되지만, 열은 도심에 머물며 좀처럼 빠져나가지 않는다. 도시의 움직임은 정밀해졌지만, 그 안에서 머물고 숨 쉴 여유는 줄어들고 있다.

왜 이런 어긋남은 계속해서 반복되는 것일까? AI는 도시에서 흐름이 멈추는 지점을 문제로 인식하기 때문이다. 속도가 느려지는 순간은 즉시 비효율로 처리되고, 도시는 더 빠르게 움직이도록 조정된다. AI는 이렇게 도시의 흐름을 끊임없이 순환시키는 데 능숙하다.

AI가 계산하는 것은 속도와 흐름의 최적값이지, 그 과정에서 사람이 어떻게 숨 쉬고 머무는가는 고려 대상이 아니다. 그래서, 공기가 왜 정체되는지, 열이 왜 빠져나가지 않는지, 사람들이 왜 같은 공간에서 신체적, 정신적으로 더 빨리 소진되어 번아웃을 경험하게 되는지 여부를 AI는 문제로 인식하지 않는다.

문제는 기술의 성능이 부족해서가 아니다. 도시를 어떤 기준으로 이해해왔는지, 그리고 무엇을 도시의 문제로 설정해왔는가의 문제다.

이제 질문은 달라져야 한다.

'어떻게 더 똑똑한 도시를 만들 것인가'가 아니라, '이 도시는 과연 숨 쉬고 있는가?'라는 것이 질문의 핵심이 되어야 한다.

이 질문은 기술의 다음 단계를 묻는다. 도시가 다시 숨을 쉬기 위해, 우리는 무엇을 잃어버렸는가.

기술의 도시, 인간은 어디에 있나?

이 장에서 우리는 AI가 도시를 어떻게 바꾸고 있는지를 살펴보았다.
AI는 도시를 더 잘 보이게 만들었고, 더 정확하게 계산하게 했으며,
그래서, 도시는 스스로 판단하고 반응하는 단계로 진입하고 있음을 알았다.

그 과정에서 우리는 하나의 질문에 도달한다.

도시가 스스로 판단하는 존재로 진화할수록, 그 속에서 인간은 어떤 역할을 맡게 될 것인가 하는 질문이다. 인간은 모든 것을 직접 통제하지 않지만, 그렇다고 도시에서 완전히 배제될 수도 없다. 그래서, AI 도시에서 인간의 역할을 재정의해야 한다.

이 책은 바로 이 질문에 대한 해답을 찾아가는 과정이다. 1장이 AI 도시의 개론이자 문제 제기였다면, 이어질 내용들은 그 질문에 답하기 위한 구체적인 탐색이다. 그것은 기술과 도시의 운영 방식에 대한 설명과 더불어 AI 시대에 사람이 가장 살기 좋은 도시의 조건을 하나씩 되짚는 여정이 될 것이다.

───────────

그 해법은 도시를 구성해온 가장 기본적인 요소들에서 시작된다.

2징에서는 도시의 숨길을 어는 바람의 도시를 살펴보고,
3장에서는 기억과 순환을 품은 물의 도시로 나아간다.
4장에서는 기능이 모이고 연결되는 거점의 도시,
5장에서는 느림과 축적의 질서를 회복하는 시간의 도시로 들어간다.
그리고 6장에서는, 이 모든 흐름을 AI가 어떻게 읽고 조율할 수 있는지,
기술과 자연, 그리고 인간이 다시 하나의 도시 질서를 이루는
미래 도시의 모습을 그려볼 것이다.

이것은 스마트시티에서 AI 도시로 넘어가는 기술적 진화를 넘어,
AI와 인간, 자연이 다시 균형을 이루는 도시로 향하는 과정이기도 하다.
이 책이 그리고자 하는 AI 도시는 사람이 오래 머물고, 좋은 관계를 맺고,
삶을 지속할 수 있는 도시다.

이제, 그 여정의 첫걸음을 내디딘다.
도시가 다시 숨 쉬기 시작하는 지점, 바람의 도시로.

AI 도시, 자연을 닮다

2장

바람이 흐르는 도시

- 자연이라는 알고리즘

나는 서울에서 어린 시절을 보냈다.

그 시절, 어린 내 눈에 비친 서울의 하늘은 온통 회색빛이었다.

회색빛 하늘 아래 우리 동네에는 탁한 공해의 냄새만 가득했다.

어머니는 말씀하셨다. '그래도 네 고향의 바람은 신선했는데….'

기억조차 없는 고향을 떠올리며 나는 막연한 희망을 품게 되었다.

저 회색빛 하늘 너머에는 분명, 맑은 바람이 흐르는

눈이 부시도록 맑고 청명한 또 하나의 하늘이 있을 거라고.

오늘의 도시는 바람을 잃어버렸다.

도심의 빌딩 숲은 하늘을 가리고, 도로와 주차장은 산의 흐름을 끊어냈다.

공기는 흐르지 못한 채 도로 위를 맴돌고, 거리에는 자동차 매연과

에어컨 실외기에서 뿜어 나오는 뜨겁고 불쾌한 바람만이 가득하다.

이렇게 도시는 스스로 만든 열에 갇힌 거대한 상자처럼 변해가고 있다.

과거의 도시는 달랐다.

사람들은 바람의 방향을 읽고 그 흐름에 따라 터를 잡았다.

산의 능선을 등지고, 강을 향해 마을을 이루었으며, 바람이 드나드는 길을

계산해 집의 방향과 골목의 각도를 정했다. 바람은 여름에는 열을 식히고,

겨울에는 냉기를 막았다. 공기의 순환은 곧 삶의 순환이었다.

자연은 건축보다 앞선 최고의 설계자였고,

사람은 자연의 질서 안에서 살았다.

하지만 산업화 이후 도시는 그 기억을 잃었다.

                                        AI 도시, 자연을 닮다

공간의 효율은 자연의 질서를 밀어냈고, 재산적 이익은 바람을 대신해 건물의
방향을 결정했다. 도시는 더 뾰족해졌지만, 도심은 더욱 뜨거워졌다.
바람은 돌지 않고, 열은 쌓여만 간다. 기술은 도시를 완벽하게 계산했지만,
그 속에서 도시의 생기는 느껴지지 않는다.
오늘의 도시가 직면한 위기는 기술의 부족이 아니라 생명의 상실이다.
정체된 공기, 단절된 수로, 포장된 대지 속에서 도시는
스스로의 생리적 균형을 잃어가고 있다.

도시가 숨 쉬지 못하는 이유는 바람이 흐르지 못하기 때문이다.
바람길을 가로막은 고층의 건물들 사이에서 바람은 길을 잃고,
도심은 열과 오염물질이 빠져나가지 못한 채 쌓여가게 되었다.
바람은 도심에 머무는 열과 정체된 공기를 밀어내고,
도시의 온도를 낮추며, 공간과 공간을 잇는 가장 오래된 순환의 매개였다.
그러나 이 흐름이 막히는 순간,
도시는 정체된 구조물의 집합체로 바뀌기 시작했다.

우리는 이제, 이 끊어진 바람의 흐름을 다시 읽고자 한다.
과거에는 감각과 경험으로 짐작하던 바람의 길을, 오늘날에는 센서와
시뮬레이션, 데이터 분석을 통해 구체적으로 확인할 수 있게 되었다.
보이지 않던 기류는 드러나고, 열과 그림자의 분포 속에서 바람이
막히는 지점과 통과할 수 있는 길은 다시 그려진다.

이 장은 바람이 다시 흐르는 도시를 향한 이야기다.
도시 내부에 갇힌 공기를 풀어내고, 숨 쉴 수 있는 공간을 되돌리는 일.
기술이 만든 도시에 생명을 더하는 첫 번째 출발점은,
바로 이 '바람의 회복'에 있다.

바람을 읽는 기술

도시에서 바람은 도시의 열과 공기의 흐름을 조절하고, 사람이 머무를 수 있는 환경을 유지하는 가장 기본적인 조건이다. 바람이 어떻게 흐르느냐에 따라 도시는 시원해지기도 하고, 답답해지기도 한다. 이 차이는 도시가 어떤 구조로 설계되었는지에 따라 결정된다.

도시의 설계는 바람의 흐름을 강화할 수도 있고, 끊어버릴 수도 있다. 산과 능선, 하천과 골짜기는 바람이 지나가는 길을 만들고, 건물의 높이와 배치는 그 흐름을 이어주거나 가로막는다. 바람은 저절로 흐르지 않는다. 도시는 언제나 바람을 전제로 설계되어왔다.

근대 이전의 도시와 마을은 이 원리를 경험적으로 알고 있었다.

강한 바람은 완화하고, 시원한 공기는 도심으로 끌어들이며, 열과 습기는 빠져나가도록 공간을 구성했다. 자연을 통제하기보다, 그 흐름을 읽고 조화를 이루는 방식이었다. 이 관점에서 보면, 조선의 수도 한양은 단순한 '전통 도시'가 아니라 바람을 하나의 설계 변수로 삼아 구성된 초기형 기후 도시로 이해할 수 있다. 북악과 남산, 낙산과 인왕산, 그리고 청계천과 한강으로 이어지는 공간 구조는 도시 전체의 기류가 끊기지 않도록 짜인 하나의 거대한 환기 체계였다.

여기서는 한양의 사례에서 출발해 현대 도시들로 이어지는 흐름을 따라가며, 바람이 도시의 구조를 어떻게 만들어왔는지, 그리고 그 흐름이 끊어질 때 도시가 어떤 문제에 직면하게 되는지를 살펴보고자 한다. 이 원리는 한양의 지형을 따라 배치된 도시 구조 속에서 구체적으로 구현되었다.

북쪽의 북악산은 한양 전체의 등줄기를 이루는 배경이 되었고, 남쪽의 남산은 완만한 흐름을 형성하며 도시의 남쪽 경계를 안정시켰다. 좌우의 낙산과 인왕산은 도시를 감싸안는 형태로 배치되어, 바람이 지나치게 빠져나가지 않도록 흐름을 조절하는 역할을 했다.

산에서 내려온 차가운 공기는 도심으로 유입되며, 청계천과 한강의 수계를 따라 흐름을 늦추고 머무른다. 이 과정에서 도심의 열은 완화되고, 사람과 활동이 집중되는 공간은 안정된 환경을 유지할 수 있었다. 경복궁과 광화문 일대는 이러한 흐름이 모이는 중심에 자리 잡으며, 도

능선을 따라 형성된 한양도성은 지형의 흐름을 따르며 바람의 이동을 막지 않도록 구성된 도시 구조의 특징을 보여준다.

시의 핵심 공간으로 기능을 할 수 있게 되었다.

여기서 주목할 점은, 한양이 전통 자연관에 따라 형성된 도시일 뿐 아니라, 현대 도시기후학의 관점에서도 매우 정교하게 설계된 '바람의 도시'였다는 사실이다. 산과 능선, 계곡과 하천의 흐름을 활용해 도시 전체의 기류(airflow)와 수로(waterway)를 함께 조율했기 때문이다.

이같이 자연이 만들어내는 '흐름과 조화'는 오늘날 도시기후학에서 다음과 같은 개념으로 설명할 수 있다.

AI 도시, 자연을 닮다

산에서 내려오는 찬 공기의 이동을 뜻하는 냉기 하강류(cold-air drainage), 하천을 따라 형성되는 시원한 공기의 통로인 냉각축(cooling corridor), 그리고 산과 하천, 도심을 잇는 바람길(ventilation path)이다.

이러한 요소들이 끊이지 않고 이어질 때, 도시의 공기는 자연스럽게 순환한다. 한양의 공간 구조는 이러한 자연 질서를 도시로 확장한 형태로 구성되었다. 궁궐과 도로, 하천과 골목은 바람의 흐름을 방해하지 않도록 배치되었고, 북악에서 궁궐과 도심을 지나 청계천과 한강으로 이어지는 왕도의 중심축은 차가운 공기가 도시를 통과해 빠져나가는 하나의 거대한 '호흡의 축'으로 역할을 했다. 이 축을 따라 바람은 돌고, 물은 흐르며, 도시는 사람이 머무를 수 있는 조건을 갖추게 되었다.

현대 문명은 왜 바람의 질서를 버렸는가?

그러나 이러한 원리는 근대 이후의 도시에서 잊히기 시작했다. 산은 깎여 도로가 되었고, 하천은 콘크리트 구조물 안에 갇혔다. 건축과 기술이 자연의 질서를 충분히 대체할 수 있다고 믿었기 때문이다.

효율은 미덕이 되었고, 자연은 개발의 제약 조건으로 취급되었다. 기후의 변화는 계산으로 관리할 수 있다고 여겼고, 열은 냉방 장치로 제어할 수 있다고 생각했다. 그 결과 도시는 빠르게 성장했지만, 그 과정에서 스스로 숨 쉬는 구조를 잃어가기 시작했다.

산줄기가 끊기고 물길이 바뀌자, 바람이 지나갈 통로 역시 사라졌다. 바람을 가로막은 도시에서는 기류가 정체되고, 공기는 도심에 머무르며 열은 빠져나가지 못하게 되었다. 한때 활기가 돌던 도시의 중심은 점차 열이 쌓이는 답답한 공간으로 변해갔다.

그렇다면 인류는 왜 이런 방법을 선택했을까? 그에 대한 답은 경제적 속도와 개발 방식에 있다고 할 수 있다. 자연의 움직임은 원래 느리다. 산은 굽이치고, 물은 돌아 흐르며, 바람 역시 지형을 따라 천천히 그 통로를 만든다. 그러나 산업 문명은 곧은 선과 빠른 이동을 원했고 도시는 더 높은 밀도와 더 큰 효율을 요구받았다. 그래서, 도로는 능선을 가로질 렀고, 고층 건물은 바람길을 막았다. 도시는 더 높고 빽빽해졌고, 인간은 더 많은 편리와 성장을 얻었다. 하지만 그 과정에서 가장 근본적인 조건 하나를 놓쳤다. 도시는 '스스로 숨 쉬는 구조'라는 사실을 말이다.

기술이 발전해갈수록, 도시는 자연을 대신할 수 있다고 믿게 되었다. 그 믿음 속에서 바람은 설계의 중심에서 밀려났다. 그 결과 오늘의 도시 는 더 효율적으로 조성되었지만, 바람을 머금지 못한 채 스스로 열을 식 히는 방법과 회복하는 능력을 잃어가고 있다.

바람에서 배우는 도시들

그렇다면, 끊어진 바람길을 열어 도시를 다시 숨 쉬게 할 수 있을까.

최근 몇몇 도시들은 이 질문에 답하며, 바람을 도시 설계의 중심에 놓기 시작했다. 기술로 열을 제어하기보다 도시의 구조를 바꾸어 바람이 다시 흐르도록 만드는 선택이다.

그 대표적인 사례가 독일의 슈투트가르트(Stuttgart)다.

슈투트가르트는 산으로 둘러싸인 분지형 지형 탓에 대기 정체와 열섬 현상이 심각했던 도시다. 1970년대부터 이 문제를 해결하기 위해, 도시는 도시 전체를 대상으로 '바람길(Climate Corridor)'을 설계하기 시작했다. 숲에서 만들어진 찬 공기가 밤에 도심으로 흘러들도록 바람의 경로를 지도화하고, 그 경로 위에는 고층 건물을 지을 수 없도록 법으로 제한하기도 했다. 도시 전체를 하나의 거대한 환기 시스템으로 다시 설계한 것이다. 그 결과 평균기온은 낮아지고, 대기오염은 줄어들었으며, 도시는 다시 호흡하기 시작했다.

서울 역시 조금씩 변하고 있다. 청계천 복원 이후 도심의 평균 온도는 낮아졌고, 하천을 따라 형성된 열린 공간을 통해 바람의 흐름도 눈에 띄게 개선되었다. 콘크리트로 덮여 있던 하천이 다시 열리면서, 물과 공기가 만나는 통로가 복원된 것이다.

성동구에 조성된 서울숲 역시 중요한 역할을 한다. 이곳은 단순한 공원을 넘어, 도심 깊숙이 찬 공기를 공급하는 녹지의 거점이다. 낮에는 열을 흡수하고, 밤에는 식은 공기를 주변으로 퍼뜨리며 도심의 온도와 습도를 완화한다. 이렇게 녹지와 하천, 공기가 서로 연결되면서 서울은 서서히 잊고 있던 '바람의 기억'을 되찾고 있다.

서울시의 변화는 도시를 데이터로 읽고 조율하려는 시도로도 확장되고 있다.

서울시는 S-MAP이라는 도시 디지털 플랫폼을 통해 바람의 흐름과 열의 분포, 건물과 지형이 만드는 미세한 기류 변화를 시각화하고, 바람길을 열어야 할 지점을 구체적으로 찾아내기 시작했다.

이러한 전환은 AI가 해석하는 도시의 개념과도 맞닿아 있다.

전통적으로 풍수는 바람을 통제의 대상이 아니라, 이해하고 조절해야 할 흐름으로 보아왔다. 오늘날의 AI 기반 도시계획 역시 같은 문제의식에서 출발한다.

센서와 시뮬레이션을 통해 바람의 경로를 읽고, 열과 습도, 그늘과 오염도의 변화를 함께 계산함으로써 도시가 숨 쉴 수 있는 최적의 구조를 찾아내려는 것이다.

AI는 바람을 '수치'로 읽고, 전통은 바람을 '감응'으로 표현해왔다. 표현의 방식은 다르지만, 두 관점이 도달하는 결론은 같다. 바람이 통하고, 열이 빠져나가며, 물이 머무를 때, 도시는 다시 균형의 질서를 회복할 수 있다는 것이다.

자연은
최고의 알고리즘

자연은 AI가 가장 먼저 배워야 할 '최고의 알고리즘'이다. 자연은 수천만 년의 시간 속에서 멈추지 않는 변화를 거치며, 스스로 균형을 찾아온 거대한 학습 시스템이기 때문이다.

태양의 열이 대지를 데우면, 공기는 가벼워져 위로 상승한다. 그 자리를 채우기 위해 주변의 공기가 이동하고, 이 반복되는 이동 속에서 기류가 만들어진다. 정체된 열과 공기는 다른 공간으로 옮겨지며, 순환은 이렇게 시작된다.

이 과정에서 물은 열을 흡수해 증발하고, 다시 비가 되어 땅으로 돌아와 대지를 식힌다. 숲은 바람의 속도를 늦추고 습도를 조절하며, 대지는 열을 저장했다가 천천히 방출한다. 공기와 물, 숲과 대지는 각기 다른 방식으로 반응하며 하나의 순환을 이룬다.

여기에는 명령도, 중앙 통제도 없다. 각 요소는 저마다의 물리적 조건에 따라 움직일 뿐이지만, 그 움직임은 서로의 변화를 감지하며 하나의 거대한 피드백 순환으로 연결된다. 자연은 이렇게 매 순간 스스로의 균형을 조정하는, 살아 있는 질서다.

다행스러운 점은 최근 AI가 이 오래된 자연의 질서를 '학습 모델'로 받아들이고 있다는 사실이다. 바람의 흐름에서 순환을 배우고, 열의 분포에서 에너지 이동을 읽어내며, 물의 움직임 속에서 균형의 원리를 발견한다. 자연이 수만 년 동안 축적해온 지속 가능한 패턴이 이제 데이터를 통해 다시 해석되고 있다. 그리고, 세계의 여러 도시는 이 알고리즘을 실제 도시 설계에 적용하고 있다.

사막에서 배우는 자연의 알고리즘, 아부다비 마스다르 시티

사막의 도시 아부다비는 '석유 이후의 시대'를 대비하며, AI 기술과 지속 가능성을 결합한 미래 도시 실험을 시작했다. 섭씨 50도에 육박하는 혹독한 더위와 끝없는 모래바람 속에서, 아부다비는 도시 전체를 '사막 위의 실험실'로 선언한 것이다. 그 실험의 핵심이 바로 마스다르 시티(Masdar City)다.

2006년 시작된 마스다르 시티는 '탄소 제로, 폐기물 제로'를 목표로 한 세계 최초의 AI 기반 자율순환형 생태 도시다. 태양광을 중심으로 한 에너지 시스템과 AI 운영 기술을 결합해, 도시가 외부의 지시 없이 스스로 상태를 읽고 조절하는 새로운 실험을 하고 있다. 이곳에서 도시는 환경에 반응하는 하나의 거대한 생태기관처럼 설계되었다.

마스다르 시티에서 AI의 역할은 도시를 관리하는 데 그치지 않는다. 센서와 데이터는 기후를 읽어, 어느 골목에 열이 고이는지, 어느 시간대에 바람이 막히는지, 사람들이 머무는 공간의 체감 온도가 어떻게 달라지는지를 꾸준히 학습한다. 그 분석 결과를 바탕으로 통풍과 그늘 관련

사진 7. 사막 위의 도시, 아부다비 마스다르 시티

AI와 재생에너지를 활용해 사막 기후에 적응하는 도시의 생존 방식을 재해석한 사례다.

시스템은 자동으로 조정되고, 도로와 광장은 열기를 분산시키는 방향
으로 설계되었다. 사람의 개입이 없어도 자연형 냉각이 작동하도록, 도
시는 스스로를 조율하는 것이다.

　이 도시의 상징은 전통 아라비아 건축에서 유래한 바람 탑(Wind Tower)
이다. 바람 탑은 높은 위치에서 바람을 포착해 내부로 끌어들이고, 실내
에 고인 더운 공기는 위로 밀어 올려 배출한다. 공기의 온도와 압력 차
를 이용해 자연스러운 순환을 만들어내는 방식이다.

사막의 바람을 식히는 자연형 냉각 장치다.

AI 도시, 자연을 닮다

사막의 공기는 높이에 따라 성격이 다르다. 지면에 가까운 공기는 열에 달아올라 쉽게 정체되지만, 수십 미터 상공의 공기는 상대적으로 덜 뜨겁고 바람의 흐름도 더 분명하다. 마스다르 시티의 바람 탑은 이 상부의 공기를 활용한다. 바람 탑의 높이는 약 45미터로, 사람이 생활하는 지면보다 훨씬 위에 있다. 그 높이에서 좀 더 안정적이고 지속적인 기류를 포착한 뒤, 시원한 공기는 아래로 끌어들이고 실내에 고인 더운 공기는 위로 배출하도록 설계되어 있다.

마스다르에서는 여기에 AI를 결합했다. 센서와 시뮬레이션을 통해 바람의 방향과 세기, 시간대별 기온과 일사량을 읽고, 바람 탑의 개방 각도와 통풍 경로를 자동으로 조정한다. 그 결과 바람 탑은 단순한 상징적 구조물을 넘어, 도시 전체의 공기 흐름을 상황에 따라 조율하는 능동적인 환경 장치로 기능하고 있다.

마스다르 시티의 진정한 혁신은 첨단 기술을 이용해 자연이 스스로 조절하던 방식을 도시 중심으로 끌어왔다는 것이다. AI는 냉방의 효율을 계산하지만, 계산의 기준은 바람의 흐름, 빛의 각도, 그늘의 깊이, 온도의 변화 등 자연의 질서이기 때문이다. 이것은 기술이 자연을 지배하는 방식이 아니라, 자연의 흐름을 읽고 그 흐름에 도시를 맞추는 방식이다.

마스다르 시티는 아직 완성된 도시는 아니다. 재생에너지로 도시 전력을 전부 충당하기에는 기술이나 운영적 한계가 있으며, 혹독한 기후와 제한된 생활 인프라로 인해 주민들의 거주율도 계획에 미치지 못하고 있기 때문이다.

그러나, 이 도시의 가치는 완성도보다 그 방향성에 있다. 사막 한가운데에서도 생명의 순환이 가능하다는 사실, 그리고 그 해결 방법이 자연의 알고리즘을 배우는 데서 시작했다는 사실은 오늘날 도시가 나아갈 방향을 보여주고 있기 때문이다.

작은 도시의 거대한 실험, 우븐 시티

일본 후지산 기슭에 조성 중인 우븐 시티(Woven City)는 도요타가 구상한 미래 도시 실험이다. 총 708가구, 약 2,000명 규모의 이 작은 도시는 '모빌리티 이후의 도시'를 검증하기 위한 살아 있는 실험실, 즉 리빙 랩으로 운영되고 있다.

우븐 시티는 도시를 한 번에 완성하는 방식을 택하지 않았다. 대신 기후 변화와 이동, 에너지와 사람들의 일상이 실제로 하나의 생태계처럼 작동하는지를 작은 규모에서부터 검증하는 방법을 선택했다. 이는 실패의 위험을 낮추고, 도시가 실제 환경에 어떻게 반응하는지를 관찰하기 위한 의도적인 전략이다.

이 도시가 던지는 질문은 이것이다. AI는 과연 도시의 흐름을 이해할 수 있는가, 그리고 그 이해는 사람의 일상을 더 나은 방향으로 이끌 수 있는가.

AI 도시, 자연을 닮다

우븐 시티의 핵심 개념은 '엮임'이다. 건물과 도로, 보행과 이동, 에너지와 데이터가 분리되지 않고, 하나의 네트워크 안에서 연결된다. AI는 이 연결망을 통해 도시의 상태를 학습한다. 어디에서 흐름이 막히고, 어떤 공간에 사람이 머무는지, 시간에 따라 도시의 조건이 어떻게 변하는지를 읽어낸다. 그리고 그에 맞춰 도시는 스스로를 조정한다.

우븐 시티는 특히 기후의 흐름을 설계의 중심에 둔다. 녹지축을 따라 바람과 그늘, 일사량의 변화를 고려해 공간을 배치하고, 열이 쌓이지 않도록 도시 구조 자체를 조정한다. 에어컨과 같은 기계적 냉방은 보조 수단이 되고, 통풍과 그늘, 공간의 배치가 도시환경을 좌우한다. 자연의 흐름이 설계의 출발점이 되고, AI는 이를 데이터로 이해해 반복적으로 조정하는 역할을 맡는다.

도시의 자율 운영 능력도 실험 대상이다. 에너지 수요가 급증하는 시간대에는 소비를 분산시키고, 사람과 물류, 이동 수단이 동시에 몰리는 구간에서는 그 흐름을 조정한다. 보행자와 물류, 자율주행 이동 수단의 동선이 서로 충돌하지 않도록 관리하며, 특정 기능에 부하가 집중되지 않도록 균형을 유지한다. 이 모든 과정에서 AI는 도시가 스스로 균형을 유지하도록 돕는 보조적 역할을 한다.

물론 규모가 작다는 한계는 분명하다. 708가구 규모의 실험은 대도시에서 발생하는 복합적인 열섬 현상이나 대규모 인구 이동의 역동성을 온전히 재현하기에는 부족하다. 그럼에도 불구하고 이 작은 도시가 지니는 의미는 크다. 우븐 시티는 AI가 자연의 질서를 해석하고, 그 질서를 도시 운영의 기준으로 삼는 방식을 가장 먼저 실험하고 있기 때문이다. 이 도시의 본질은 완성된 결과가 아니라, 도시가 어떻게 학습해야 하는지를 보여주는 과정 그 자체에 있다.

우븐 시티는 하나의 방향을 제시한다. 자연을 지배하는 도시가 아니라, 자연을 배우는 도시다. 더 많은 기술을 쌓아 올리기보다 바람과 열, 사람과 에너지의 흐름을 이해하고 조율하는 도시다. 이 작은 실험은 도시의 지속 가능성이 거대한 장비나 복잡한 시스템에서 비롯되는 것이 아니라, 자연의 알고리즘을 이해하는 데서 출발해야 한다는 사실을 설명하고 있다.

계산을 넘어, 감응으로

자연의 질서는 계산만으로 설명하기 어렵다. 숲의 온도는 바람의 흐름에 따라 달라지고, 바람은 지형과 빛의 각도에 따라 방향이 바뀐다. 이 요소들은 서로를 읽으며, 매 순간 균형을 조정한다. 자연은 고정된 공식이 아니라, 상황에 따라 스스로 균형을 찾아가는 살아 있는 질서다.

AI는 이 변화를 데이터로 해석한다. 숫자와 패턴을 통해 흐름을 읽고, 반복 속에서 질서를 찾아낸다. 반면 인간은 감각을 통해 그 변화를 체감한다. 시원해진 공기, 그늘에 머무는 발걸음, 숨이 편안해지는 순간 속에서 도시가 보내는 신호를 직관적으로 받아들인다.

이 두 방식이 만나는 지점에서, 도시는 비로소 하나의 생명체로 진화한다. 계산된 공간이 아니라, 상황에 반응하고 관계에 공명하는 하나의 유기적 환경으로 발전하는 것이다.

그리고 그 반응의 출발점에는 언제나 '바람'이 있다. 바람은 도시의 온도를 조절하고, 물의 흐름을 만들며, 사람들의 이동과 일상의 리듬까지 바꾸는 가장 원초적인 힘이다. AI가 자연의 질서를 배우기 시작했다면, 도시가 가장 먼저 돌아봐야 할 것도 이 바람의 길이다.

이제 다음 챕터에서는 도시가 잃어버렸던 첫 숨, 바람의 질서를 어떻게 되찾을 수 있는지를 살펴본다.

바람이 만든
순환의 도시

바람은 도시가 가진 가장 원초적인 자연 인프라다. 바람은 대기를 순환시키고, 열을 식히며, 오염물을 밀어내 도시가 스스로 건강을 유지하도록 만드는 보이지 않는 순환의 힘이다.

바람이 잘 통하는 도시는 활력이 넘친다. 공기는 흐르고, 열은 빠져나가며, 오염은 머물지 않기 때문이다. 반대로 바람이 막힌 도시는 내부에서부터 병들기 시작한다. 열은 쌓이고 공기가 정체되면서, 도시는 자기 열에 갇히기 때문이다.

도시기후학 역시 오래전부터 도시 온도와 공기 질, 열섬 현상이 바람의 흐름과 깊이 연결되어 있음을 확인해왔다.

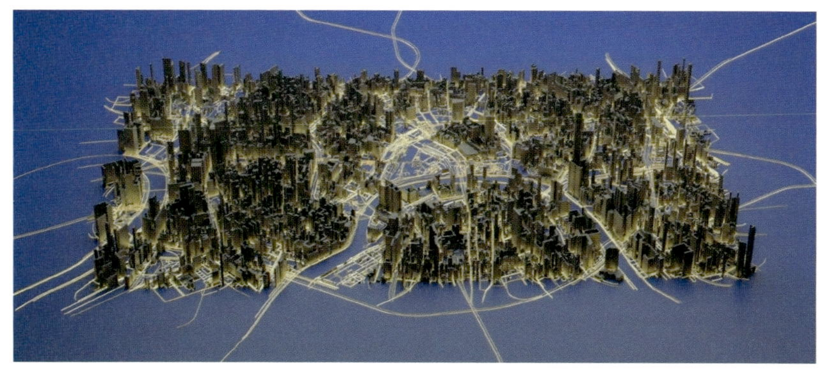

건물, 지형, 하천을 따라 형성되는 기류를 3차원으로 분석한 개념 이미지다. 도시는 바람을 통해 하나의 생리 시스템으로 작동한다.

흥미로운 점은, 과학이 이를 발견하기 훨씬 이전부터 사람들은 바람의 질서를 이미 다른 방식으로 이해하고 있었다는 점이다. 우리 선조들은 이것을 '장풍(藏風)'이라고 불렀다. 그들이 말한 장풍은 바람을 막는 기술이 아니었다. 공간 안에 바람이 머물도록 머금고, 다시 흐르게 해서 공간 전체의 균형을 유지하려는, 순환을 전제로 한 저장의 개념이었다. 장풍의 환경에서 바람은 한 방향으로 달리거나 곧바로 소멸하지 않는다. 산과 골짜기, 숲과 물길이 완충 장치가 되어 기류의 속도를 늦추고 방향을 틀어주기 때문이다.

이 순환의 원리가 끊어지는 순간, 도시는 장풍의 질서를 잃게 된다. 고층 건물과 연속된 콘크리트 포장은 바람길을 가로막고, 지형과 녹지가 끊기면서 공기는 더 이상 머물지 못한 채 흩어지거나 갇힌다. 바람이 사라진 자리에 열이 고이고, 오염물질이 정체되며, 도시는 내부에서부터 활력을 잃어간다.

이러한 변화 속에서, 도시는 잃어버린 바람을 다시 읽어야 할 필요가 생겼다. 그 역할을 맡은 것이 AI다. 센서와 위성, 시뮬레이션 기술은 바람이 어디에서 형성되고, 어디에 머물며, 어떤 지점에서 흐름이 끊기는지를 입체적으로 드러낸다. 보이지 않던 공기의 머묾과 순환의 구조가 데이터로 재현되기 시작한 것이다.

AI는 바람을 계산한다. 그러나 그 계산의 목적은 통제가 아니다. 흩어지거나 갇힌 바람이 다시 머물고 흐를 수 있도록 구조를 조정하고, 도시가 스스로 숨 쉬는 순환을 회복하도록 돕는 것-AI는 바람의 질서를 복원하는 조율자다.

서울 - 잃어버린 바람길을 복원하는 실험

이제 이 오래된 바람의 원리가 현대 도시에서 어떻게 다시 해석되고 있는지를 살펴볼 차례다. 서울은 변화와 단절, 그리고 회복의 시도가 가장 극적으로 겹쳐 나타나는 도시 중 하나다.

우리는 앞에서 한양의 사례를 통해, 바람과 지형, 기후가 도시의 구조와 생활 환경을 함께 만들어낸다는 사실을 살펴보았다. 한양은 바람이 흐르고 공기가 순환하며 사람이 머물 수 있도록 짜인 도시의 기본 원리를 보여준 사례였다. 그러나 이와 같은 자연의 질서는 근대 이후의 도시화 과정에서 무너지기 시작했다. 속도와 효율을 앞세운 개발 속에서 바람은 설계의 조건에서 밀려났고, 도시는 스스로 숨 쉬는 능력을 잃어갔다.

이제 살펴볼 서울의 이야기는 바로 이 단절이 낳은 결과와 바람의 질서를 다시 읽고 회복하려는 다양한 시도에 관한 것이다.

앞서 한양의 사례에서 살펴본 것처럼, 서울은 산으로 둘러싸인 분지 위에 형성된 도시다. 이러한 지형은 열이 쉽게 머물고, 바람의 흐름이 구조적으로 막히기 쉬운 조건을 만든다. 과거의 도시 설계는 이 조건을 이미 인식하고 있었다. 한강과 내사산은 바람이 도심으로 스며들고 머물도록 돕는 자연적 완충 장치로 작용했다.

그러나 산업화 이후, 서울은 이 구조를 잃어갔다. 고층 건물과 대규모 개발은 바람의 통로를 끊었고, 그 결과 열과 오염은 도심에 머물며 서울을 바람이 순환하지 않는 도시로 바꾸어놓았다.

최근 서울은 이 문제를 도시 차원에서 다시 인식하기 시작했다. 과거 한양이 지녔던 바람길의 구조를, 오늘의 기술로 다시 읽어내려는 시도가 그 출발점이다. 서울시는 '도시 바람길 숲' 프로젝트와 함께, 지형과 건물, 기후 데이터를 통합한 3D 디지털 트윈 플랫폼 S-MAP(Virtual Seoul)을 구축했다.

이 플랫폼 위에서 AI는 건물의 높이와 배치, 도로와 녹지의 연결이 공기의 흐름에 어떤 영향을 미치는지를 계산한다. 이 계산은 바람이 스스로 흐를 수 있는 조건을 찾기 위한 것이었다.

서울은 청계천과 서울숲을 통해, 바람의 순환이 도시의 열과 공기를 실제로 바꿀 수 있다는 사실을 이미 경험했다. 청계천 복원 이후 도심의 온도는 낮아졌고, 서울숲의 대규모 녹지는 대기의 흐름을 부드럽게 바꾸었다. 의도적으로 '바람길'을 설계하지 않았음에도, 열린 수 공간과 녹지는 공기의 순환을 회복시켰다.

이 경험은 서울의 시선을 한 단계 앞으로 이동시켰다. 우연히 나타난 이 효과를, 도시 전체로 확장할 수는 없을까라는 질문이 제기된 것이다. 서울시는 이에 대한 답을 AI와 디지털 트윈에서 찾고 있다. S-MAP을 통해 바람이 어디에서 머물고, 어디에서 끊기는지를 도시 차원에서 읽고, 바람이 스스로 흐를 수 있는 조건을 다시 설계하려는 시도가 그것이다.

그 결과는 조금씩 드러나고 있다. 한강을 따라 형성된 서풍의 공기 흐름이 다시 살아나기 시작했고, 도심 내부에서도 공기가 머물며 순환하는 구간이 늘어나고 있다. 서울은 아직 완성된 바람의 도시는 아니지만, 다시 숨을 쉬기 시작한 것은 분명하다.

서울의 디지털 트윈 S-MAP

서울시는 2020년대 초부터 도시 전역을 3차원으로 재현한 디지털 트윈 플랫폼 S-MAP(Virtual Seoul)을 구축해왔다. 건물의 형태와 높이, 지형, 도로와 하천, 녹지의 분포까지 실제 서울과 유사하게 구현한 가상의 도시로, 다양한 도시 현상을 분석하고 검증하는 실험 공간이다.

S-MAP에서는 바람의 흐름과 열의 축적, 미세먼지의 확산을 입체적으로 시뮬레이션한다. 감각과 경험에 의존하던 바람길은 이제 시간대와 계절에 따라 추적이 가능한 데이터로 드러난다. 독일 기상청의 KLAM_21 모델을 적용해 냉기 하강류, 도심 열섬, 바람의 정체와 우회 지점까지 함께 분석하고 있다.

이 플랫폼은 도시 바람길 숲 조성, 고층 건물의 높이와 배치, 도로와 녹지의 연결 구조가 공기의 흐름에 미치는 영향을 사전에 검토하는 데 활용된다. 바람을 '통제'하기 위한 기술이 아니라, 도시 구조 속에서 함께 고려해야 할 흐름으로 다루기 위한 도구다.

S-MAP은 다양한 도시 시나리오를 가상 공간에서 시험하고, 선택의 결과를 미리 확인할 수 있게 해주는 분석 도구다. 서울은 이 플랫폼을 통해 바람이라는 보이지 않는 요소를 도시 설계의 공식적인 판단 대상으로 전환하고 있다.

AI는 단순히 서울의 바람을 계산하는 도구에 머물지 않는다. 기류의 왜곡과 단절을 읽어내고, 열과 공기가 막히는 지점을 드러내며, 과거 도시가 지녔던 '바람의 질서'를 다시 연결하는 하나의 새로운 감각기관으로 자리매김하고 있다.

서울은 지금, 조상의 지혜가 남긴 산과 강의 바람길 위에 네이터가 그려낸 바람의 지도를 겹쳐 놓으며, 도시가 스스로 숨 쉬는 새로운 회복의 국면에 들어서고 있다.

슈투트가르트 - 바람을 법으로 제도화한 도시

서울이 디지털 트윈과 AI라는 새로운 도구를 통해 잃어버린 바람길을 다시 찾아가고 있다면, 슈투트가르트는 기술 이전의 시대부터 바람의 흐름을 도시계획의 기본 질서로 존중해온 도시다. 슈투트가르트에서는 바람길을 막는 개발이 법으로 제한되고, 기류를 고려한 설계가 도시계획의 기준으로 자리 잡아왔다. 바람이 통하는 도시가 더 건강하다는 인식은 행정과 전문가, 시민 사이에 이미 공유된 상식이라고 할 수 있다.

이러한 도시계획의 배경에는 슈투트가르트가 놓인 지형적 조건이 있다. 독일 남부의 산업 도시 슈투트가르트는 삼면이 산으로 둘러싸인 깊은 분지에 자리 잡고 있다. 이런 지형에서는 기온이 내려가면 찬 공기가 아래로 가라앉아 분지에 고이기 쉽다. 문제는 그 공기가 외부로 빠져나가지 못한 채 머무르며, 오염물질과 함께 정체된다는 점이다. 바람은 늘 존재하지만, 그 바람이 제대로 순환되지 않으면 위험 요소로 바뀔 수 있다는 사실을 이 도시는 일찍이 경험했다.

20세기 산업화가 본격화되면서, 구조적 취약성은 현실 문제로 드러나기 시작했다. 자동차 공장과 도로, 주거지가 분지를 가득 메우자, 열과 매연은 빠져나가지 못한 채 도시 안에 축적되었다. 그 결과 슈투트가르트는 한때 '독일의 미세먼지 수도'로 불릴 만큼 대기질 악화가 심각한 도시가 되었다. 바람이 흐르지 못하는 도시 구조의 한계가 산업화와 결합하며 적나라하게 드러난 것이다.

이 문제의 해법 역시 자연 속에 있었다. 슈투트가르트는 외곽 산림에서 생성된 냉기가 경사면을 따라 도심으로 흘러들어, 열과 오염물질을 밀어내는 공기의 흐름에 주목했다. 도시를 식히는 힘이 주변 지형 속에 존재하고 있음을 찾아낸 것이다. 이를 체계적으로 분석하기 위해, 슈투트가르트는 1970년대 후반 독일 최초의 도시기후연구소(Climate Office)를 설립했다. 이곳에서는 풍향과 풍속, 기온을 장기간 관측해 차가운 공기의 발원지와 열이 고이는 지역, 공기 정체 구역을 도시 전반에 걸쳐 축적해 나갔다.

그리고 축적된 자료는 '기후분석지도(Climate Atlas)'로 정리되었다. 이 지도는 찬 공기의 이동 경로와 정체 지점, 열 축적 구역을 도시 전체 차원에서 한눈에 드러내며, 이후 독일 도시기후학의 기준점으로 자리 잡았다. 보이지 않던 바람의 구조를 읽을 수 있는 도시의 설계 언어가 처음으로 만들어진 것이다.

강과 계곡을 따라 형성된 수변·녹지·도시는 바람과 냉기가 도심으로 유입되는 자연의 통로를 만든다. 도시는 그 흐름에 따라 자리 잡고 있다.

슈투트가르트는 이 '바람길 네트워크'를 도시계획의 최상위 원칙으로 삼아왔다. 바람이 흐르는 통로에는 고층 건축을 제한하고, 도로와 녹지, 공원은 공기가 원활히 통과하도록 열어두었다. 산림에서 도심으로 이어지는 냉기 통로 역시 단절되지 않도록 보호와 관리의 대상으로 삼았다. 이 원칙은 오늘날 AI 기반 3차원 기류 시뮬레이션으로 확장되며, 건물의 높이와 배치, 도로 폭과 녹지의 연결이 공기의 흐름에 미치는 영향을 정밀하게 검증하는 체계로 진화하고 있다.

AI 도시, 자연을 닮다

이 같은 접근이 가능했던 배경에는 행정과 전문가, 시민 사이의 지속적인 합의가 있었다. 바람길은 법과 제도로 보호되었고, 산림과 도심을 잇는 녹지와 바람축은 도시 구조의 일부로 유지되었다. 바람은 더 이상 방치된 자연현상이 아니라, 도시가 함께 관리해야 할 공공의 자원으로 인식되기 시작한 것이다.

슈투트가르트는 바람을 읽고, 바람을 설계하며, 바람을 도시 전략으로 삼아온 도시다. 서울이 디지털 트윈을 통해 잃어버린 바람길을 복원하는 실험을 시작했다면, 슈투트가르트는 그 길을 수십 년 앞서 제도와 계획으로 정착시켜 온 사례라고 할 수 있다.

바람이 통하면 열은 빠져나가고, 정체는 풀린다. 이 단순한 원리는 특정 도시의 경험에 머무르지 않는다. 오늘의 도시는 AI를 통해, 가장 오래된 자연의 언어를 가장 현대적인 방식으로 다시 배우고 있다.

그렇다면, 도시가 스스로 살아 움직이기 위해 갖춰야 할 조건은 무엇일까.

생명의 조건,
기술·인간·자연

생명 도시란 무엇인가. 그것은 자연으로 되돌아가는 도시도, 기술이 모든 것을 지배하는 도시도 아니다. 인간이 도시를 완전히 통제할 수 있다는 믿음 역시 이 시대의 해답이 되지 못한다. 생명 도시는 자연과 기술, 그리고 인간이 각자의 역할을 수행하며 조화를 이루는 도시다.

자연은 빛과 온도, 습도, 바람과 물을 통해 도시의 외부 환경을 끊임없이 조율한다. 햇볕이 들고 그늘이 생기며, 바람이 통하고 열이 빠져나갈 때 도시는 비로소 숨 쉴 수 있는 환경을 갖추게 된다. 자연은 도시가 무리 없이 유지되고, 사람이 오래 머물 수 있는 상태를 만들어주는 중요한 요소다.

기술, 특히 AI는 이 변화를 감지하는 감각기관이자, 복잡한 패턴을 해석하고 다음 변화를 예측하는 운영 지능이다. AI는 자연의 흐름을 통제하지 않는다. 대신 어디에서 흐름이 막히고, 어디에서 순환이 끊기는지를 드러내며, 도시가 스스로 조정할 수 있는 조건을 마련해준다. 기술은 도시의 움직임을 읽고 조율하는 도구다.

그리고 인간은 이 흐름 위에 의미를 더한다. 사람들은 도시 안에서 이동하고 머물며, 기억을 쌓고 관계를 만들어간다. 그 과정에서 도시는 비로소 '살아 있는 장소'가 된다. 자연이 환경을 만들고, 기술이 그 흐름을 읽어내며, 인간이 그 위에서 삶의 방향을 선택할 때, 도시는 단순한 효율의 공간을 넘어 생명력이 살아 숨 쉬는 공간으로 진화한다.

그렇다면 생명 도시는 어떤 조건 위에서 움직이는가. 자연은 도시의 숨길을 열고, 기술은 그 흐름을 읽어내며, 인간은 그 위에서 삶의 방향을 선택한다. 이제 도시를 이루는 이 세 가지 조건을 차례로 살펴보자.

자연 - 도시의 호흡과 순환의 주체

자연은 도시와 분리될 수 없는 존재다. 도시는 빛과 열, 바람과 물이 만들어놓은 환경 위에서 형성되고 발전해왔다. 자연을 바탕으로 도시는 공기를 순환시켜 스스로를 식히고, 사람이 머물 수 있는 상태를 유지해왔다. 문제는 현대 도시가 이 전제를 외면하면서 시작되었다는 점이다. 언제부턴가 자연은 도시를 함께 완성하는 조건이 아니라, 개발에 방해가 되는 외부 요소로 취급되었다. 그 결과 도시는 자연이 제공하던 조정

능력을 잃고, 열과 공기가 쌓이는 공간으로 변했다.

바람과 물, 녹지는 오랫동안 도시의 가장자리에서 완충 역할을 맡아왔다. 열과 오염을 흡수하고, 도시의 무분별한 확산을 늦추며 도시를 보호해온 것이다. 그러나 자연이 외곽에 머물러 있는 한, 도심 깊숙한 곳에서 반복되는 정체와 과열을 해결하는 데는 분명한 한계가 있다.

이제 자연을 도시 밖에 두는 방식만으로는 현재의 도시문제를 해결하기 어렵다. 바람과 물, 녹지는 도시의 장식이나 보호막이 아니다. 도시 내부로 들어와 공기를 움직이고 열을 식히며, 일상의 조건을 다시 만드는 핵심인프라가 되어야 한다.

이러한 자연의 역할 전환이 추상적인 구호에 그치지 않음을 보여주는 사례가 있다. 베를린 도심을 가로지르는 슈프레강은 도시를 통과하는 수변 경관을 넘어선 특별함을 가지고 있다. 많은 도시가 강을 '보이는 풍경'으로 다루어왔다면, 슈프레강은 도심의 열섬과 대기 정체를 완화하는 도시기후 인프라로 인식했다. 이것은 베를린의 기후분석 지도와 도시계획 기준 속에 반영되어 있다.

슈프레강의 가장 큰 특징은 강변을 단순한 개발의 대상이 아니라, 기후의 흐름을 유지해야 할 공간으로 관리해왔다는 점이다. 강변을 따라 고층 건축물이 연속적으로 들어선 다른 도시들과 달리, 슈프레강 주변에는 녹지와 저층 공간이 이어지며 냉기와 바람이 막힘없이 이동할 수 있는 여백이 남아 있다. 슈프레강은 단순한 물길에 머물지 않고, 공기의 흐름을 도심으로 끌어들이는 내부 환기 축의 역할을 하고 있다.

더 중요한 점은 이 강이 고립되어 있지 않다는 사실이다. 슈프레강은 도시 외곽의 숲과 공원, 도심 내부의 녹지축과 연결되며 녹지 네트워크를 이룬다. 외곽에서 생성된 냉기는 이 흐름을 따라 도심으로 스며들고, 열과 오염은 다시 도시 밖으로 빠져나간다.

오늘날 이 순환 구조는 AI 기반 기후 분석과 시뮬레이션을 통해 한층 더 정교한 방식으로 운영되고 있다. 기류와 온도, 습도 데이터를 종합해

강변 공간이 연속적으로 유지되며, 자연의 흐름이 도시 내부까지 이어지는 구조를 보여준다.

흐름이 약해지는 지점과 열이 정체되는 구간을 지속해서 점검한다. 이를 바탕으로 강과 녹지축이 도시 구조 속에서 제 역할을 하도록 조율한다. 슈프레강은 자연이 도시 내부에 단순히 '존재'하는 데 그치지 않고, AI가 그 흐름을 읽고 보완하는 도시기후 시스템으로 확장될 수 있음을 보여주는 사례다.

이러한 변화는 다양한 연구와 현장에서도 확인되고 있다. KAIST-MIT 공동 연구는 스트리트뷰 이미지와 시민 데이터를 결합해 도시 녹지가 시민의 심리 회복력에 미치는 영향을 수치화했다. 이 연구는 녹지의 배치와 밀도가 사람의 감정과 스트레스 수준에까지 영향을 미친다는 사실을 보여준다. 그리고 이 흐름 속에서 AI의 역할도 달라지고 있다. AI는 이제 '어디에 녹지를 조성할지'를 계산하는 수준을 넘어, 사람이 가장 편안하게 숨 쉴 수 있는 지점을 예측하는 기술로 진화하고 있다.

분당 탄천의 사례는 이러한 움직임이 현장에서 어떻게 구현되는지를 보여준다. 탄천은 바람과 물, 사람의 이동이 만나는 선형의 생태축이며, 누구나 자연을 경험하며 휴식을 느낄 수 있는 생활형 자연 인프라다. 성남시는 탄천 14km 구간을 디지털 트윈으로 구현하고, AIoT 센서를 통해 유량과 수위를 실시간으로 감지하는 홍수 대응 체계를 구축했다. 수위가 위험 단계로 올라가기 전, 산책로 진입부 차단문을 가동해 하천 접근을 선제적으로 통제함으로써 홍수가 발생하기 전에 안전을 확보하도록 했다. 이 사례는 자연과 데이터가 결합해 회복형 인프라로 진화하는 장면이다.

자연이 도시 안에서 활용될 때, 도시는 생명의 순환을 되찾는다. 바람이 흐르고, 물이 순환하며, 숲이 다시 사람 곁으로 돌아올 때 도시는 살아 있는 생명체로 진화할 것이다. 그리고 이 변화를 가능하게 하는 열쇠가 바로, 도시가 자연의 반응을 기억하고 학습하는 지능이다. 이 지점에서 기술의 역할은 바뀐다. 기술은 도시를 '똑똑하게 만드는 도구'를 넘어, 도시가 자신을 이해하고 기억하도록 돕는 지능으로 전환된다. 이것이 바로 Urban AI가 등장하는 출발점이다.

AI, Urban AI, AI 도시는 무엇이 다른가

① AI(Artificial Intelligence)

데이터를 학습해 예측 및 판단하는 계산 기술이다. 교통 신호 조정, 에너지 수요 예측, 재난 징후를 감지하는 개별 알고리즘이 AI다. AI는 특정 문제를 빠르고 정밀하게 해결하는 도시의 개별 기능 지능이다.

② Urban AI

AI를 도시 차원에서 엮어 움직이는 지능 구조다. 도시에서 실제로 벌어지는 이동과 정체, 위험과 회복 과정을 지속 관찰하고 축적하며, 도시가 자신의 상태를 이해하도록 돕는 학습 시스템에 가깝다. Urban AI는 도시를 대신 판단하지 않는다. 도시가 어떤 조건에서 어떻게 반응해왔는지를 드러내고, 사람과 행정이 더 나은 선택을 하도록 돕는 해석 지능이다.

③ AI 도시(AI City)

Urban AI를 기반으로 한 다양한 AI 기술이 도시 곳곳에 적용되어 실제로 작동하고 있는 상태를 말한다. 신호등이 교통량에 맞춰 스스로 바뀌고, 전력 수요에 따라 에너지가 자동으로 조절되며, 민원과 재난 대응이 데이터 기반으로 예측되는 도시. 우리가 일상에서 '도시가 똑똑해졌다'라고 체감하는 바로 그 모습이 AI 도시다.

※ 정리하면, AI는 계산하는 기술이고, Urban AI는 그 계산을 엮는 구조이며, AI 도시는 그 결과가 드러난 도시의 상태다.

기술 – 도시를 학습하는 지능, Urban AI

오늘날 기술은 인간을 돕는 도구를 넘어, 스스로 학습하는 지능으로 진화하고 있다. 이 과정에서 등장한 것이, 도시를 이해하고 학습하는 기술인 Urban AI다. Urban AI는 도시에서 발생하는 이동과 에너지 사용, 환경 변화와 위험의 신호를 지속해서 관찰하고 학습하며, 도시가 어떤 상태에 놓여 있는지를 파악하는 지능 체계다.

Urban AI의 가장 큰 특징은 도시를 하나의 살아 있는 시스템으로 인식한다는 점이다. 도시는 사람과 차량의 이동, 에너지의 사용, 날씨와 재난의 징후가 끊임없이 겹치며 변화하는 생명체다. Urban AI는 이 복합적인 움직임을 동시에 관찰하고 축적하며, 도시의 현재 상태를 읽어내는 도시 지능이다.

Urban AI 안에서 개별 AI는 교통과 에너지, 환경과 재난의 신호를 각각 감지한다. 이 신호들은 도시 차원에서 서로 연결되며, 어디에서 정체가 반복되고 어떤 조건에서 위험이 쌓이는지를 읽어낸다. 그 결과 도시의 더 이상 고정된 규칙에 따라 반응하지 않는다. 도시의 대응은 매일 달라지는 상태에 맞춰, 유연하게 조율된다.

교통과 에너지는 도시의 혈류와 같다. Urban AI 체계 아래에서 AI 기반 관리망은 차량과 보행자의 움직임, 날씨의 변화를 함께 읽어 흐름이 막히기 전에 방향을 조정한다. 재난 대응 역시 다르지 않다. 다양한 센서와 데이터에서 포착된 미세한 변화는 하나의 위험 신호로 통합되어, 대응의 시간을 앞당긴다. Urban AI가 지향하는 기술의 본질은 '대체'가 아니라 확장이다. AI는 도시를 대신 판단하지 않는다. Urban AI는 도시가 자신의 상태를 더 정확히 느끼고 이해하도록, 감각의 영역을 넓혀주는 역할을 한다.

Urban AI가 바람의 흐름을 기억하고, 물의 길을 저장하며, 사람들의 움직임이 도시의 구조와 어떻게 맞물리는지를 읽어낼 때, 도시는 속도를 높이는 대신, 스스로를 더 정확히 이해하는 존재로 진화하기 시작한다.

인간 – 도시의 마음, 감응의 주체

기술이 센서를 통해 도시의 상태를 읽어내고, 자연이 도시 순환의 원동력이라면 도시를 삶의 공간으로 완성하는 주체는 인간이다. 아무리 정교한 기술로 설계된 도시라고 해도 그 안에 사람의 온기가 없다면, 그것은 기능을 모아놓은 구조물에 불과하기 때문이다. AI가 효율을 계산하고 자연이 질서를 유지할 때, 인간은 도시 온도와 방향을 결정한다. 도시의 목적은 더 빠른 시스템이 아니라, 더 나은 삶이다.

도시의 목적이 삶에 있다면, AI 시대의 도시는 이제 '감성적 회복력'을 설계하기 시작했다. 조명의 밝기와 색의 온도, 거리의 체감 온도, 벤치의 방향과 간격, 공원에 스며드는 바람의 흐름까지… 도시의 작은 요소들은 사람의 감정과 체류 경험에 영향을 미친다. 인간이 설정한 가치와 기준 위에서, AI는 사람들의 이동과 체류 패턴을 학습해 편안함과 안정감을 느끼는 환경을 구현한다.

이러한 접근은 이미 여러 도시에서 현실이 되고 있다. 런던은 보행 흐름과 체류 시간을 분석해 조명과 가로 시설의 배치를 조정함으로써 심리적 안전감을 높였고, 서울의 일부 공원에서는 미세먼지와 소음, 온도를 감지한 시스템이 조명과 분수 같은 환경 요소를 연계해 체감 환경을 개선하고 있다. 기술은 사람의 감정을 대신 느끼지 않지만, 사람이 중요하다고 판단한 감정을 도시가 반응하도록 만드는 도구다.

아르노강을 중심으로 이어진 수변과 도심 공간은 자연과 인간의 일상이 축적되며, 도시가 만들어져온 과정을 보여준다.

기술의 진정한 가치는 도시가 인간의 감정에 응답하는 능력을 갖추는 데 있다. 바르셀로나의 '감성 도시' 실험은, 보행 환경과 소음, 체류 시간과 활동 패턴을 데이터로 분석해 도시 공간이 시민의 경험에 더 민감하게 반응하도록 설계한 시도다. 이같이 사람의 경험을 데이터로 읽고 환경에 변화를 수는 시노들은 세계 여러 도시로 확산하고 있다.

도시는 기술이 완성하는 공간이 아니다. 자연은 순환의 원리를 제공하고, AI는 그 원리를 학습해 구조를 조율하며, 인간은 그 위에 온기와 관계, 기억과 의미를 더해 도시를 완성한다. 도시를 살아 있게 만드는 것은 결국 사람과 사람 사이의 감응이다.

이 감응이 도시의 구조 속에 가장 오래 남아 있는 사례가 있다. 이탈리아 중부의 도시 피렌체는 아르노강을 따라 형성된 역사 도시다. 강과 지형, 기후에 맞춰 도시가 성장했고, 인간의 일상은 자연과 분리되지 않은 채 발전해왔다. 피렌체는 자연과 함께 진화한 도시의 오래된 증거이자, 오늘날 우리가 다시 회복하려는 도시의 원형에 가깝다.

기술을 넘어, 감응하는 도시로

AI는 도시를 계산했다. 그 계산은 정밀했고, 효율적이었으며,
도시는 어느 때보다 완벽하게 연결되고 있었다.

그러나 그 완벽 속에서 도시는 감성을 잃어가고 있다.
모든 게 예측되고 통제되는 구조 안에서
자연은 흐름을 잃었고, 사람의 감정도 머물 자리를 잃어갔다.

이제 우리는 깨닫는다.
데이터로 설계된 도시를 살리는 힘은 계산 그 자체가 아니라,
기술이 만든 공간에 생명을 불어넣는
자연의 순환과 인간의 감응이라는 사실을.

AI의 도시는 효율의 끝에서 결국 자연을 다시 만난다.
그리고 그 지점에서 도시는 새로운 방향으로 진화한다.
계산에서 감응으로, 통제에서 순환으로,
기술의 도시에서 생명의 도시로.

바람이 통하고 물이 흐르며, 기술이 자연에 맞춰 조율되는 순간,
도시는 다시 하나의 생명체로 깨어난다.
AI가 도시의 두뇌를 만들었다면, 자연은 그 몸에 숨을 불어넣고,
인간의 감성은 그 영혼을 완성한다.
그때 도시는 비로소 기술로 작동하고, 자연으로 숨 쉬며,
인간으로 느끼는 존재, AI 생명 도시가 된다.

그리고 그 생명의 흐름은 바람에서 물로, 순환에서 기억으로 이어진다.
도시는 이제, 강과 함께 숨 쉬는 '물의 기억'으로 나아간다.

도시를 관통하며 완만하게 굽이치는 템스강은 런던의 금융·주거·문화 기능을 하나로 묶는다. 강
은 도시의 기억과 순환을 만들어내는 생활의 축이다.

AI 도시, 자연을 닮다

3장

물의 기억

- 강과 도시의 공존

도시의 역사는 언제나 물에서 시작되었다.
강은 인간의 생명을 지키는 자원이었고,
도시를 움직이는 첫 번째 힘이었으며,
시간과 기억을 저장하는 자연의 그릇이었다.

산이 도시의 골격을 세운다면,
물은 그 안에서 길을 열고, 생기를 돌게 하는 혈맥이다.
물은 단순한 자원이 아니라 도시의 기후를 안정시키고,
생태를 잇고, 사람이 머물 공간을 만들어온 '기억의 매개'였다.

그러나 근대의 도시는 효율을 앞세우면서, 물은 곡선을 잃어갔다.
강은 직선으로 펴졌고 제방은 더 높아졌다.
도시는 안전을 얻었지만, 물길이 만들던 생태적 조절과 계절마다 달라지던
자연의 풍경, 그리고 그 속에 쌓여 있던 시간의 흔적은 사라졌다.

이제 AI가 그 잃어버린 흐름을 다시 읽기 시작했다.
도시 전역을 흐르는 기후와 수문(Hydrology), 생태 데이터를 이용해
AI는 열섬 강도, 바람길의 변화, 습도 패턴의 이상 징후를 찾아낸다.

디지털 트윈은 강의 과거 흐름과 현재 상태를 겹쳐서 보여주며,
도시가 잃어버린 자연의 순환을 다시 확인하게 한다.
도시는 그 순환에 맞춰 어떤 변화가 필요한지 새로운 방향을 잡기 시작한다.

우리 조상들은 오래전부터
'굽은 물길이 생기를 모은다'라는 지혜의 말을 남겼다.
이 문장은 오늘, 수문학과 도시기후학으로 다시 설명되고 있다.

전통은 물길의 모양이 자연을 살리는 힘이라고 말했고,
기술은 그 물길이 도시의 기후와 생태를 어떻게 바꾸는지를 분석한다.
그리고, 도시는 이 둘을 바탕으로 잃어버린 물의 역할을 다시 회복하려 한다.

이 장은 그 복원에 관한 이야기다.
물과 도시, 자연과 기술이 어떻게 다시 호흡을 맞추는지,
강이라는 오래된 생명의 축이 AI 시대의 도시에서
어떻게 되살아나는지를 살피는 여정이다.

강은 도시의 기억을 품고 흐른다.
그 기억을 읽는 순간, 도시는 다시 살아난다.

사진 14. 물의 기억을 품은, 잘츠부르크 잘차흐강

도시를 감싸 흐르는 곡선의 물길은 기후와 일상의 리듬을 조율하며, 시간이 쌓인 도
시의 기억을 만들어왔다.

물을 읽는
두 시대의 언어

물은 도시를 비추는 가장 오래된 거울이다. 강이 어디서 돌아 들어오고, 어디서 머무르고, 어디로 흘러가는가는 도시의 기후와 공간, 그리고 사람의 삶을 결정해왔다.

오늘날 우리는 이 원리를 기후과학, 수문학, 디지털 트윈 등을 통해 설명하고 있지만, 과학이 등장하기 훨씬 이전에도 인간은 물의 움직임을 자신만의 방식으로 해석해왔다.

물에 대한 가장 오래된 이론체계는 풍수지리였다. 풍수지리는 물길의 모양과 흐름이 생명을 어떻게 붙잡고, 공간을 어떻게 바꾸는지를 오랫동안 관찰하며 그 결과를 기록해온 학문이다. 또, 물이 도시와 삶의 운명에 어떤 영향을 미치는지를 설명한, 가장 오래된 '물의 해석 언어'이

AI 도시, 자연을 닮다

기도 했다.

AI 시대의 도시 역시 같은 질문을 던진다. '물은 어디로 흐르며, 생명은 어디에서 머무는가.' AI는 이 답을 찾기 위해 센서와 위성, 알고리즘을 통해 물의 흐름을 다시 읽고, 전통의 이론이 직관으로 해석했던 자연의 질서를 데이터로 풀어낼 것이다.

이 장에서는 물을 읽는 두 시대의 언어가 오늘의 도시에서 어떻게 같은 해답에 이르는지를 살펴보고자 한다. 과거의 강이 도시의 운명을 결정했다면, 오늘의 강은 AI를 통해 도시의 미래를 다시 그려내고 있기 때문이다.

두 시대의 언어를 비교하는 이 탐구의 목적은 분명하다. 전통이 물의 흐름 속에서 읽어낸 도시의 원리가, AI의 시각으로 보더라도 여전히 유효한지를 확인하는 것이다. 우리는 이 만남을 통해 도시의 생명력이 어디에서 비롯되는지를 확인할 수 있을 것이다.

풍수의 언어와 현대 도시과학의 해석

고전 풍수는 물의 움직임을 통해 도시의 생명을 읽어왔다. '굽은 물길에 생기가 모이고, 두 물이 만나는 곳에서 문명이 열린다'와 같은 문장들은 오랜 관찰과 경험 속에서 축적된 물의 원리를 담고 있다.

여기에서는 전통 풍수서에 남겨진 물에 관한 대표적인 문장들을 선별해, 그 의미가 오늘날의 도시기후학과 수문학에서 어떻게 해석될 수 있는지를 살펴볼 것이다. 과거의 언어가 물길을 감각과 경험으로 읽어냈다면, 현대의 과학은 그 구조를 물리적 작동 원리로 설명할 수 있기 때문이다.

그리고, 이러한 해석이 오늘날에는 AI 기반 환경·기후 시뮬레이션을 통해, 실제 도시 공간 안에서 어떻게 적용되고 있는지도 함께 확인해보고자 한다.

북한강과 남한강, 두 물이 만나는 합수부는 전통의 풍수에서도, 현대 도시과학에서도 도시의 생명이 응집되는 핵심 지점으로 읽힌다.

 AI 도시, 자연을 닮다

1. 기는 물을 만나 머문다(氣止水交方是穴)

(1) 전통적 해석

산천을 따라 흐르던 생기(氣)는 물을 만나면 더 나아가지 못하고 멈춰서 모인다고 생각했다. 이처럼 기가 응집되는 지점이 곧 명당(穴)이다. 물은 기를 붙잡아 공간의 중심을 만들고, 생명이 안정적으로 자리 잡을 수 있는 환경을 만들어주는 요소로 여겨졌다.

(2) 현대적 해석

유속이 느려지는 구간은 수문학에서 '완충지대(buffer zone)'라고 부른다. 말 그대로 물이 천천히 흐르며 숨을 고르는 자리다. 이 구간에서는 열과 습도, 공기의 흐름이 안정되고, 하중도나 삼각주, 물의 폭이 넓어지는 곳처럼 물과 공기가 섞이며 식는 희석의 효과가 커진다. 그래서 이곳에서는 열섬이 약해지고, 습도는 일정해지며, 생태 회복력도 높아진다.

AI 기반 환경·기후 시뮬레이션에서도 이러한 저속 구간을 기후 안정 코어(Climate Stability Core)로 본다. 물과 공기가 머물 수 있는 곳이 곧 도시 온도를 잡아주는 중심축이라는 뜻이다. 전통에서 말하는 '기가 머문다'라는 표현 역시 과학적으로 보면 에너지와 수분, 공기가 오래 머무르며 안정성을 높이는 지점을 의미한다.

2. 굽은 물길은 기를 모으고, 곧은 물길은 기운을 흩는다
(曲水聚氣, 直水散形)

(1) 전통적 해석

풍수에서는 완만하게 굽어 흐르는 물길은 주변의 생기를 감싸안으며 그곳에 머무르게 한다고 보았다. 이와 달리 직선이고 급하게 흐르는 물길은 기운을 빠르게 흘려보내 공간을 불안정하게 만든다고 해석했다. 이처럼 곡선을 그리며 흐르는 물길이 주는 안정감과 응집력은 명당을 판단하는 중요한 기준이었다.

(2) 현대적 해석

굽이도는 물길은 진행 속도를 자연스럽게 낮추고, 열을 식히며, 습도를 유지하고, 바람을 안정시키는 역할을 한다. 이러한 완만한 곡선은 보행 접근성을 높이고 수변 경관을 회복시키며, 서식지가 끊기지 않도록 이어 도시 생태 네트워크의 연속성을 강화한다. 반대로 직선화된 수로와 높아진 제방은 유속을 지나치게 높여 도시의 열 축적을 가속화하고, 생태적 연결성을 약화하며, 토사의 침식과 퇴적이 조절되던 하천의 균형을 붕괴시킨다.

AI 기반 환경·기후 시뮬레이션에서도, 굽이도는 물길이 도시의 바람과 습도, 열의 균형을 조율하는 핵심 지점임을 보여준다. 결국 '곡수(曲水)가 기를 모은다'라는 전통적 표현은 오늘날의 도시과학에서는 기후 안정성, 생태 연결성, 공간 회복력이 집중되는 조건으로 읽을 수 있다.

AI 도시, 자연을 닮다

3. 동서로 흐르는 강은 빛을 품고 시간을 엮는다(東西之水, 光行其上)

(1) 전통적 해석

풍수에서는 동서 방향으로 흐르는 강을, 태양의 길과 나란히 놓인 방향으로 보았다. 햇빛이 하루 종일 물 위를 따라 움직이면서 기운이 고르게 퍼진다고 생각한 것이다. 그래서 동서수(水)는 도시의 시간과 생기를 안정적으로 유지하는 좋은 물길로 여겨졌다.

(2) 현대적 해석

동서로 흐르는 강은 태양의 이동 경로와 겹치며 도시의 빛과 그늘, 습도와 바람의 흐름을 균형 있게 조율하는 도시의 시간축(Time Axis) 역할을 한다. 낮에는 햇빛과 그늘이 고르게 분산되고, 밤에는 축적된 열이 천천히 방출되면서 도시 온도가 안정된다. 이 과정에서 바람의 흐름도 부드러워져 계절 변화의 진폭 역시 완만해진다.

파리의 세느강, 런던의 템스강, 서울의 한강처럼 동서 방향의 강을 가진 도시는 낮과 밤, 계절과 계절 사이의 전환이 비교적 완만하게 이어진다. 강은 경관 요소에 머무르지 않고, 도시의 시간과 기후를 조율하는 장치의 기능을 하고 있다.

AI 기반 환경·기후 시뮬레이션에서도, 동서 흐름의 강은 빛과 열, 바람의 분포를 정리하는 도시의 핵심축으로 확인된다. 예로부터 물길은 도시의 중심을 잡아주는 축으로 인식되어온 이유는, 오늘날 도시기후학에서

도 도시의 안정성을 지탱하는 구조적 원리로 다시 확인되고 있다.

4. 물이 만나는 곳은 서로 다른 생명이 한 호흡으로 합쳐지는 자리다 (合水聚氣)

(1) 전통적 해석

합수(合水)는 두 물줄기가 만나 흐름을 하나로 모으는 자리다. 풍수에서는 이 지점을 생기가 자연스럽게 모이는 공간으로 보았다. 물이 만나는 곳에서는 흐름의 속도와 방향이 부드러워지고, 서로 다른 기운이 섞이면서 새로운 생명이 자리 잡을 조건이 만들어진다고 해석했다. 실제로 많은 문명과 도시는 이러한 합수혈(合水穴) 인근에서 성장해왔다.

(2) 현대적 해석

현대 도시에서 합수 지역은 수문과 기후, 생태와 도시 네트워크가 겹치는 결절점이다. 두 물의 만나는 구간에서는 열이 분산되고, 공기와 물의 순환이 강화되며, 오염물질이 희석되고, 수온과 습도가 비교적 안정된다. 이러한 환경은 열섬과 대기 정체, 수질 악화를 완화하는 효과로 이어진다. 뉴욕 맨해튼이나 부산처럼 합수 지역에 형성된 도시는 교통과 상업, 문화 활동이 집중되며, 높은 접근성과 네트워크 중심성을 갖는 경우가 많다.

AI 기반 환경·기후 시뮬레이션에서도 합수 지역은 교통과 인구 이동, 데이터 흐름, 바람길 등이 높은 밀도로 겹치는 핵심 허브로 확인되고 있다. 풍수에서 말한 '물이 합쳐지는 곳에 기가 모인다'라는 내용은, 오늘날 도시과학에서는 도시의 기능과 에너지, 기후 흐름이 결절되는 전략적 중심지로 읽히고 있다.

5. 들어오는 물길은 드러내고, 나가는 물길은 감춰야 한다
(入水宜顯, 出水宜隱)

(1) 전통적 해석

풍수에서 입수(入水)는 외부의 생명과 기운이 도시로 들어오는 통로로 여겨졌다. 그래서 시야와 흐름을 막지 않고 공간을 환하게 열어, 물과 기운이 자연스럽게 스며들도록 하는 것이 중요하다고 보았다.

반대로 출수(出水)는 기운이 빠져나가는 길이다. 이 때문에 물길을 급하게 내보내기보다, 완만하게 다스려 기운이 쉽게 흩어지지 않도록 하는 것이 길지의 조건으로 인식되었다. 풍수는 이처럼 물의 '들어옴과 나감'을 개별 요소가 아니라, 하나의 순환 과정으로 보고 그 균형을 중시했다.

(2) 현대적 해석

현대 도시에서 입수와 출수는 수문 관리와 홍수 대응, 생태 안정성을 좌우하는 핵심 설계 요소다. 입수 지역은 물이 도시로 들어오는 문으로, 시민의 접근성과 수변 생태를 회복하고 바람과 습기의 흐름을 도시 안으로 자연스럽게 이어지도록 열릴 때 효과를 발휘한다. 이는 수변 경관에 대한 연출이 아니라, 도시의 통풍과 기후 순환이 시작되는 지점을 만드는 일이다.

반면 출수지역은 물이 도시를 떠나는 완충 장치다. 저류지와 빗물정원, 도시습지와 같은 시설을 통해 물을 서서히 흘려보내면, 급격한 유속을 줄이고 홍수 위험을 낮출 수 있다. 동시에 오염물질을 걸러내고 수온과 습도를 안정시키며, 도시 생태의 균형을 지탱하는 역할을 한다.

AI 기반 환경·기후 시뮬레이션에서도 입수와 출수의 설계 방식은 도시 전체의 재난 대응 능력과 생태 회복력을 좌우하는 핵심 변수로 확인된다. 풍수에서 말한 '들어오는 물은 열고, 나가는 물은 다스려야 한다'라는 원리는 오늘날 도시계획에서도 기후 회복력과 수문 안전성을 높이는 전략적 설계 원칙으로 새롭게 해석되고 있다.

AI 도시, 자연을 닮다

물에 대한 풍수의 개념과 현대 도시과학의 해석

풍수는 물의 흐름을 통해 도시의 생명과 운명을 읽어왔다. 오늘날 도시과학과 AI는 같은 현상을 다른 언어로 설명한다. 표현은 달라도, 바라보는 대상은 같다.

① 곡수(曲水) : 완만하게 굽어 흐르는 물길

유속을 늦추고 열과 습도, 바람을 안정시키는 자연의 완충 구조

② 직수(直水) : 곧게 뻗어 빠르게 흐르는 물길

열과 에너지가 머무르지 못하고 흩어지는 불안정한 수계

③ 합수(合水) : 두 물줄기가 만나는 지점

흐름과 기능이 겹치는 수문과 기후, 도시 네트워크의 결절점

④ 입수·출수(入水·出水) : 물이 들어오고 나가는 길

유입과 유출을 조절해 도시의 회복력을 결정하는 수문 관리의 핵심

⑤ 화표(華表) : 물의 흐름을 부드럽게 돌리는 섬·습지·완충 지형

유속과 기류를 분산시키는 자연형 완충 장치

풍수에서 말한 물의 원리는 오늘날 도시기후학과 수문학, 그리고 AI 기반 환경·기후 시뮬레이션을 통해 데이터로 다시 확인되고 있다. 물을 해석하는 언어는 달라졌지만, 도시를 살리는 구조적 원리는 변하지 않았다.

강의 흐름이 도시를 다시 깨우다

풍수의 이 오래된 문장들은 단순한 상징이나 비유가 아니다. 그 안에는 도시가 왜 어떤 자리에서 번성하고, 왜 어떤 공간에서 숨이 막히는지에 대한 경험적 통찰이 담겨 있다.

오늘날 우리는 이 통찰을 도시기후학과 수문학, 환경 분석, 그리고 AI 기반 환경·기후 시뮬레이션을 통해 다시 읽고 있다. 굽은 물길이 왜 기운을 머물게 하는지, 합수 지역이 왜 도시의 중심으로 작용하는지, 입수와 출수의 조절이 왜 회복력의 핵심이 되는지 등의 오래된 인식을 A1는 데이터로 드러내고 있다.

센서는 흐름을 기록하고, 디지털 트윈은 그 변화를 재현하며, AI는 물길과 바람길, 생태의 순환을 하나의 도시적 흐름으로 통합해 읽는다.

결국, 풍수와 도시과학은 서로 다른 시대에 태어났지만, 같은 방향을 바라본다.

물이 모이고, 흐르고, 머무는 곳에 생명이 깃든다. 이 단순한 원리는 도시의 과거를 만들었고, 이제는 AI의 지도 위에서 도시의 미래를 다시 그리고 있다.

동서로 흐르는 강에
삶이 머무는 이유

강은 문명의 시작 지점이다. 도시가 생기기 훨씬 전부터 사람들은 물이 있는 곳에 모여들었다. 강은 식수와 운송의 통로일 뿐 아니라, 시간과 생명이 흐르는 도시의 배경이 되어왔다.

고대의 큰 강들은 방향과 유속, 주변 지형에 따라 서로 다른 형태의 도시를 만들어냈다. 그중에서도 물길이 완만하게 휘돌거나, 도시를 감싸듯 곡선으로 흐르는 활모양의 지형(궁수형. 弓水形)은 기운이 머물고, 사람이 오가며 교류가 활발히 일어나는 중심지로 여겨졌다. 문명은 언제나 이러한 완만한 곡선 위에서 피어났다.

앞 챕터에서는 물을 읽는 두 시대의 언어를 비교했다면, 여기서는 그 원리가 실제 도시 공간에서 어떻게 구현되어왔는지를 따라가 보려고 한다.

강이 동서로 흐를 때 만들어지는 '시간의 도시',

도시를 감싸며 굽어 흐르는 물길이 만든 '안정의 도시',

두 개의 물줄기가 만나는 자리에서 태어난 '교류의 도시.'

문명은 이 세 가지 물길의 흐름 속에서 가장 먼저 형성되었고 발전해왔다.

이제 물이 만든 도시의 형상들을 하나씩 따라가며, 강이 어떻게 공간을 결정하고, AI 시대의 도시에서 어떻게 다시 생기를 회복시키고 있는지 살펴보자. 도시는 결국 물 위에서 태어났고, 물 위에서 자라났다. 그 이야기가 지금부터 시작된다.

동서로 흐르는 강을 품은 도시들

도시는 강의 흐름을 따라 형성되어왔다. 강은 도시의 위치와 규모, 성장의 방향을 결정하는 오래된 기준이었다. 그러나 모든 강이 도시를 번영으로 이끈 것은 아니었다. 강의 방향과 속도, 주변 지형에 따라 도시가 성장하는 모습 또한 전혀 다른 양상을 띠었다.

그중에서도 동서로 흐르며 완만히 굽이치는 강, 즉 동서수(東西水)는 세계 문명의 역사에서, 도시가 입지하고 번영한 무대로 평가받아왔다. 동서수는 태양이 이동하는 길과 나란히 놓여, 빛과 그늘, 낮과 밤의 온도, 바람의 순환을 일정하게 만들어주기 때문이다. 인류는 오래전부터 물의 방향을 통해 도시의 미래를 읽고자 했다.

여기서는 전통 풍수의 해석과 오늘의 도시과학을 함께 비교하며, 곡류수와 직수, 합수와 같은 물길의 형상이 도시의 기후와 생태, 경제와 생활권을 어떻게 형성해왔는지 살펴보고자 한다.

동서로 흐르는 강의 원리

풍수 경전 《청오경(靑烏經)》에는 동서수의 원리를 설명하는 유명한 구절이 있다.

"물이 동서로 흐르면 재물과 보화가 무궁하다(水過西東, 財寶無窮)."

고루하게 들리겠지만, 이 문장에는 놀라울 만큼 과학적 근거가 담겨 있다.

지구는 서쪽에서 동쪽으로 자전하고, 태양은 동쪽에서 서쪽으로 이동한다. 하루의 빛과 열, 지구의 회전 에너지는 모두 동서 방향의 횡적인 흐름을 따라 움직인다. 이 때문에 동서 방향으로 흐르는 강은 다양한 이점을 가진다.

빛과 그늘의 균형이 가장 고르게 유지되고, 바람길이 끊기지 않으며, 기온과 습도, 대류가 일정하게 순환해 강 주변의 날씨가 안정되고, 강이 굽이치는 곳에서는 느린 물길이 열과 습도를 흡수해 생태를 안정시킨다는 것이다.

도시기후학과 수문학, AI 기반 환경·기후 시뮬레이션의 분석에서도 이러한 경향은 확인된다. 동서로 흐르는 강을 중심으로 형성된 도시에서는 열섬 현상이 완화되고, 공기 흐름이 부드러워지며, 사람의 활동이 집중되고 문화와 상권이 성장하는 패턴이 일관되게 나타났기 때문이다. 이는 풍수지리가 경험적으로 포착했던 원리를 오늘날의 도시과학이 데이터로 다시 확인되고 있음을 보여주고 있다.

많은 국가의 수도에는 왜 동서로 흐르는 강이 많은가?

동서로 흐르는 강은 태양의 이동과 나란히 놓이며, 도시의 하루와 계절의 흐름을 이어준다. 이러한 수계 위에서, 도시는 과열과 정체를 피하고 사람이 머물기 좋은 환경을 만들어왔다.

이 원리는 도시의 역사 속에서도 확인되고 있다. 세계 주요 수도와 중심 도시는 대부분 동서 방향으로 흐르며 완만한 곡선을 지닌 강을 품고 성장해왔다. 곡선의 강은 도시를 감싸며 빛과 바람, 기후를 조율하고, 사람이 모이고 활동이 축적되기 쉬운 조건을 만들어냈다.

1. 파리 – 세느강

세느강은 동쪽에서 서쪽으로 흐르며 파리의 중심을 부드럽게 감싼다. 강 위의 작은 섬들은 흐름을 나누어 도시의 호흡을 안정시키는 완충지대를 형성했고, 파리의 예술과 문화의 축은 이 곡선 위에서 자연스럽게 자리 잡았다.

2. 런던 – 템스강

템스강은 뱀이 움직이듯 S자 사행을 그리며 서쪽에서 동쪽으로 흐른다. 굽이치는 흐름은 바람과 열을 순환시키고, 런던이 과열되지 않도록

사진 16. 파리 세느강

세느강은 동쪽에서 서쪽으로 흐르며, 파리의 중심을 부드럽게 감싸안는다. 강은 파리의 도시 구조와 정체성을 조직하는 핵심축으로 자리 잡고 있다.

하는 도시기후의 완충 장치로 역할을 하고 있다.

3. 빈·부다페스트 – 도나우강

동서로 길게 뻗는 도나우강은 여러 도시를 하나의 생활권과 문화권으로 묶었다. 완만한 강의 곡선은 수변 접근성과 보행성을 높이며, 중부 유럽 도시들의 중심축을 형성했다.

4. 모스크바 – 모스크바강

모스크바강은 도시를 감싸듯 반복적인 사행을 이루며 흐른다. 이 굽은 물길이 바람과 습기의 흐름을 부드럽게 조절해, 기온 변화가 큰 대륙성 기후를 누그러뜨리는 역할을 해왔다.

5. 베를린 – 슈프레강

슈프레강은 동서로 도시를 가로지르며 부드럽게 굽이친다. 이 곡선 위에 박물관 섬과 역사 지구가 자리 잡으면서, 베를린의 정체성을 이루는 중심 공간이 형성되었다.

6. 서울 – 한강

한강은 두물머리에서 합쳐진 뒤 동쪽에서 서쪽으로 태극처럼 휘돌아 흐른다. 이 큰 곡선은 서울이 확장하고 호흡할 수 있는 생명의 축이 되었으며, 강남과 용산, 송파 등 도시의 핵심 생활권은 이 곡선 안에서 태어났다.

남북으로 흐르는 강을 가진 도시는 어떤 한계를 안고 있는가?

반대로 남북으로 곧게 흐르거나, 도시를 충분히 감싸지 못하는 강을 가진 도시는 기후와 습도, 대기 순환이 안정적이지 못한 경우가 많다. 이에 따라 도시가 하나의 중심으로 모이고, 연속적으로 확장될 조건이 약해질 수 있다.

뉴델리, 하노이, 카이로, 프놈펜처럼 남북 방향의 수계를 중심으로 형성된 도시들은 강을 따라 넓고 연속된 생활권이 만들어지기보다는, 생활 영역이 점이나 선의 형태로 분절되는 구조를 보이기도 한다. 강은 존재하지만, 도시 전체를 하나로 묶는 축으로 움직이지 못하는 경우다.

도시기후학적으로 보면, 남북 방향으로 흐르는 강은 태양이 동에서 서로 이동하는 하루의 흐름과 직접적으로 맞물리지 못한다. 그 결과 빛과 열, 바람과 습도가 도시 전반에 고르게 퍼지기 어렵고, 중심성이 한 지점에 축적되기보다는 여러 방향으로 흩어지는 경향을 보인다.

풍수에서 말하는 '횡의 흐름은 기운을 열고, 종의 흐름은 생기를 가른다'라는 표현은 이러한 차이를 직관적으로 설명한 말이다. 이것은 은유적인 표현이라기보다, 강의 방향과 햇빛이나 바람의 흐름이 도시의 중심을 어디에 형성해왔고, 어떤 방식으로 확장해왔는지를 여러 도시 사례를 통해 보여주는 관찰의 결과라고 할 수 있다.

완만히 흐르는 곡류수 - 도시를 품는 곡선의 힘

동서수 가운데서도 완만하게 굽이치는 곡류수는 도시가 머물고 성장하기에 가장 안정적인 물의 형태로 평가된다. 풍수에서는 곡류를 기운이 흩어지지 않고 머무는 물길로 보았다. 현대 도시기후학 역시 곡선의 물길이 열과 바람, 습도를 안정적으로 유지하는 물의 흐름임을 보여준다.

곡류는 물의 속도를 자연스럽게 늦추고, 바람이 급하게 빠져나가지 않도록 붙잡는다. 그 결과 수변의 기온과 습도가 급격히 변하지 않으며, 사람이 오래 머물 수 있는 온화한 공기의 환경이 만들어진다. 이러한 국지적 기후, 즉 미기후는 도시가 과열되거나 건조해지지 않도록 돕는 중요한 조건이 된다.

AI 기반 도시환경 분석에서도 이러한 특성은 분명하게 확인되고 있다. 곡류 구간에서는 평균기온이 1~1.5℃ 낮아지는 경향이 보고되고, 미세먼지의 희석 효과와 수변 접근성, 보행 환경 역시 개선되는 것으로 나타난다.

도시의 문화 활동과 상권이 자연스럽게 형성되는 장소가 대체로 이렇게 완만한 곡선 위에 형성되는 이유다. 곡류는 단순한 지형을 넘어 자연이 만든 도시의 '흐름 조절 장치'라고 할 수 있다.

서울, 한강의 흐름 위에서

서울의 한강 역시 동서수의 대표 사례다. 남한강과 북한강이 두물머리에서 하나가 되고, 이 거대한 물줄기는 서울을 감싸듯 굽이치며 흐르다가 여의도에서 머물고, 이후 서해로 길게 뻗어 나간다. 이 곡선의 흐름은 서울이라는 도시가 호흡하고 확장해온 생명의 축이라고 할 수 있다.

조선의 한양이 청계천이라는 작은 물길을 심장으로 삼았다면, 현대 서울은 한강이라는 대하(大河)를 중심으로 재구성되었다. 풍수에서는 이를 '내당수에서 외당수로의 확장'이라고 부르는데, 도시의 숨결이 모세혈관에서 대동맥으로 옮겨가는 것에 비유할 수 있다.

사진 17. 동서로 완만하게 흐르는 한강

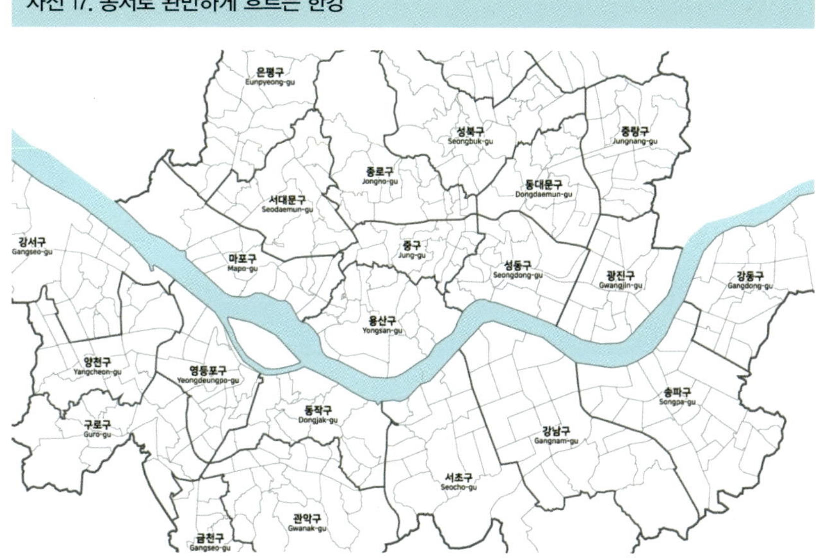

동서로 완만히 흐르며 도시의 생명축을 형성한다. 여의도 구간 이후 직수로 흐르며 유속이 빨라진다.

1. 곡류가 만든 번영의 지대 – 강남·용산·송파·하남

한강이 부드러운 곡선을 그리며 도시를 감싸는 구간은 사람과 재물이 자연스럽게 모이고, 교류와 성장이 촉진되는 공간으로 발전했다.

강남과 용산, 송파와 하남이 대표적인 장소다. 이 지역들은 풍수적 표현으로 '궁수형(弓水形)' 지역에 해당하며, 오늘날 도시기후 분석에서도 바람과 열, 습도의 순환이 안정적인 지역으로 확인되고 있다. 강의 곡류가 만들어내는 자연의 완충 장치가 도시의 경제적, 문화적 중심성을 만들고 있는 셈이다.

2. 반궁수의 조건과 변화 – 성수·동작·사당

반궁수(反弓水) 지역은 도시의 중심이 형성되기 어려운 공간이라고 한다. 풍수에서는 이러한 반궁수를 부정적으로 평가한다. 강물이 도시를 향해 휘어 안기지 않고, 도시를 등진 채 바깥으로 흘러가는 모양을 하고 있기 때문이다.

지형적으로 보아도 반궁수는 강의 바깥쪽 사면, 즉 유속과 에너지가 집중되는 구간에 놓이는 경우다. 이러한 위치는 홍수가 나거나 강이 범람하게 되면, 침식되거나 피해의 위험이 크다. 또, 완만한 수변 공간이나 생태적 완충지대를 만들기도 어렵다. 그 결과 바람과 습도, 열을 조절하는 기후 효과가 약해지고, 사람들이 머물며 활동하기에는 불리한 도시환경이 형성되기 쉬웠다. 성수와 동작, 사당은 이러한 조건을 공유해온 반궁수 지역이었다.

다만 성수 지역은 이 반궁수의 약점을 도시 구조의 전환을 통해 극복한 드문 사례다. 한강과 중랑천이 만나는 합수 지형 위에 서울숲을 조성하면서, 도시 내부에 생태적 완충 구조를 형성시켰다. 그 결과 바람과 습도, 열이 완화되는 미기후가 점차 회복되었고, 사람이 머물 수 있는 환경 조건이 갖춰지기 시작한 것이다. 이후 AI 기반 환경 센서와 관리 시스템이 이러한 변화를 지속해서 관찰하고 조율하면서, '비보숲'의 개념은 현대 도시 관리 체계 속에서 새롭게 해석되어 적용되었다. 최근 성수 지역의 발전적인 변화는 합수 지형, 생태 복원, 그리고 데이터 기반 도시 관리가 결합한 결과로 설명할 수 있다.

반면 동작이나 사당 지역이 최근 발전하고 있는 사례는 성수 지역과 같은 구조적 전환은 아니라고 판단된다. 이 지역들이 성장하고 있는 양상은 반궁수의 조건이 근본적으로 달라졌다고 보기 어렵다. 강남과 여의도, 용산 등 기존 중심지가 포화되면서 주거와 기능이 주변으로 확산된 결과로 볼 수 있다. 이는 새로운 중심이 형성되었다기보다, 도시의 중심 기능이 외곽으로 퍼져나간 현상에 가깝다.

3. 여의도 이후 - 직수의 한계와 회복의 조건

여의도는 합수의 섬이다. 한강의 물길이 만나는 이 지점은, 밤섬과 노들섬, 선유도 등과 함께 강의 흐름을 나누어 유속을 낮추며, 정치와 경제의 중심이 자리 잡을 수 있는 지형적, 환경적 조건을 갖춰왔다. 여의도가 국가의 정치·금융 중심지로 성장할 수 있었던 배경에는, 합수가 만들어낸 안정된 물의 구조가 있었다는 의견이 많다.

그러나 여의도를 지나며 한강의 성격은 달라진다. 서강대교에서 가양대교, 김포로 이어지는 구간은 길게 뻗은 직수로 바뀐다. 이 직선의 물길에서는 유속과 에너지가 한 방향으로 집중되고, 바람과 열, 습도가 머무르기 어렵다는 특징이 있다. 그 결과 이 일대는 오랫동안 도시의 중심이 형성되지 못한 채 개발의 공백지대로 남아 있었다.

그런데, 이 직수 구간에서, 변화의 신호가 처음 포착된 곳은 난지도다. 난지도는 한때 서울의 쓰레기를 감당하던 거대한 매립지였다. 토양은 오염되었고, 바람과 물의 흐름은 끊기면서 도시는 이 공간을 외면하게 되었다. 그러나 매립이 끝난 이 땅에 대한 복원이 시작되면서 상황은 달라졌다. 매립지를 덮고 토양을 정화한 뒤, 월드컵공원과 하늘공원, 노을공원으로 이어지는 생태축이 조성되었다. 이는 단순한 공원 조성의 의미를 넘어, 끊겼던 바람길과 수분 순환을 회복하고 미기후를 다시 살아나게 하는 도시적 실험이었다. 이를 통해, 훼손된 땅 위에 녹지가 깔리고, 열과 바람, 습도가 조절되면서 사람이 머물 수 있는 환경이 서서히 돌아오기 시작했다.

난지도에 대한 회복은 복구과정에서 우연히 일어난 것이 아니다. 기후 데이터를 바탕으로 한 설계, 생태 복원에 대한 장기적 투자, 그리고 도시 관리와 운영의 지속적인 개입이 함께 진행된 결과였다. 이러한 조건이 갖춰지면서 상암지역은 미디어와 문화, 주거가 공존하는 새로운 생활권으로 재편되었다.

성수와 난지, 상암이 보여주는 공통점은 무엇일까? 이곳들은 처음부터 환경 조건이 좋았던 장소가 아니었다. 그러나 자연의 흐름을 읽고, 기후와 생태를 회복하며, 인간의 설계와 기술적 관리가 결합될 때 도시는 다시 숨 쉴 수 있는 공간으로 돌아올 수 있다는 사실을 보여준다.

반궁수나 직수 같은 불리한 조건은 운명처럼 고정된 것이 아니다. 도시는 자연의 섭리를 거스를 때 쇠퇴하지만, 그 원리를 이해하고 복원할 때 다시 살아난다. 회복은 과거로 되돌아가는 일이 아니라, 자연과 기술, 그리고 인간이 함께 만들어가는 새로운 균형의 시작이다.

동서수의 도시에서, 합수의 도시로

동서로 흐르는 강의 곡선은 도시를 안정시키고, 바람과 빛, 열이 순환하는 자연의 질서를 만들어왔다. 많은 국가의 수도가 동서수 위에서 번성해온 이유도 여기에 있다. 서울 역시 비슷한 흐름 위에서 성장해온 도시다.

그러나 모든 도시가 동서수 위에 세워진 것은 아니다. 뉴욕이나 부산처럼 남북으로 흐르거나, 바다로 곧게 빠져나가는 강을 가진 도시들 역시 세계적 중심지로 도약한 사례가 많다. 겉으로 보면 동서수의 원리와 어긋나는 듯 보이지만, 이 도시들은 다른 방식으로 생기를 품었다. 그 핵심에 있는 것이 바로 합수다.

두 물이 만나는 지점에서는 흐름이 교차하며 유속이 완만해지고, 에너지는 자연스럽게 분산된다. 그 자리에는 물과 바람, 사람과 활동이 함께 머무를 수 있는 도시의 결절점이 형성된다. 합수는 곡류와는 다른 방식으로 형성되지만, 도시의 생명이 응축되는 또 하나의 자연적 장치다.

AI 시대의 도시 역시 이 원리를 새롭게 읽고 있다. 센서와 디지털 트윈은 물의 온도와 속도, 바람과 습도의 변화를 감지하고, 끊어진 흐름을 다시 잇고 과도한 집중을 조율한다. 자연의 조건을 거스르기보다, 그 흐름을 이해하는 방향으로 도시가 진화하는 것이다. 풍수가 오래전 '물은 기를 머물게 한다'라고 말했듯, AI 또한 물의 리듬을 읽고 조율하는 도시의 감각기관이 되고 있다.

이제 다음 챕터에서는 동서수의 원리를 넘어, 두 물이 만나는 자리에서 도시가 어떻게 발전하는지를 살펴보려고 한다. 남북수의 도시가 세계적 중심으로 도약할 수 있었던 이유는 무엇이며, 뉴욕과 부산이 성장의 정점에 이를 수 있었던 이유는 무엇이었을까? 그 답은 합수의 도시, 두 흐름이 만나는 자리에 있다.

두 물이 만난 공간이
만든 번영

도시가 크게 성장한 자리에는 공통된 특징이 있다. 지형과 물, 교통과 물류의 흐름이 한 지점에 겹치는 곳이다. 그중에서도 두 물줄기가 만나는 합수 지역은 오랜 시간 도시의 성장을 뒷받침해온 유리한 조건이었다.

물은 흐르면서도 머물고, 갈라지면서도 다시 합쳐진다. 이러한 성질은 교류와 안정, 확장을 동시에 필요로 하는 도시의 성장 논리와 맞닿아 있다. 두 물줄기가 만나는 합수 지점에서는 유속이 완만해지고, 바람과 물의 흐름이 교차하며, 열과 습도의 변동 폭이 줄어든다. 그 결과 사람의 활동과 이동, 교류의 밀도가 자연스럽게 높아진다.

전통 풍수는 이를 '득수위상(得水爲上)'이라 불렀고, 현대 도시계획은 같은 현상을 '수계 네트워크의 결절점(hydrological node)'이라고 정의한다. 다른 시대, 다른 언어이지만 가리키는 대상은 같다. 물이 모이면 생명이 모이고, 생명이 모이면 도시는 움직이기 시작한다는 사실이다.

오늘날 합수의 성격은 데이터의 흐름에서도 분명하게 드러난다. 교통과 이동, 상업 활동, 금융 거래, 통신과 정보의 흐름은 두 물이 만나는 지점에서 함께 겹쳐 나타나는 경향이 크기 때문이다. AI 기반 도시 분석은 이러한 지역을 사람과 물류의 이동뿐 아니라, 자본과 정보, 혁신의 흐름까지 동시에 집중되는 도시 활동의 결절점으로 식별하게 된다. 합수는 자연의 물길이 만나는 자리이면서, 도시의 기능과 데이터가 함께 축적되는 공간이기 때문이다.

앞서 살펴본 동서수와 곡류수가 도시를 안정되게 하는 조건이었다면, 합수는 도시의 활동과 교류, 그리고 혁신이 실제로 집중되는 중심지로 성장시키는 조건이라고 할 수 있다. 이 원리를 가장 잘 보여주는 도시가 바로 뉴욕이다.

뉴욕 - 두 강과 바다가 만나는 초대형 도시

뉴욕은 허드슨강과 이스트리버, 그리고 대서양이 만나는 거대한 합수 지점 위에 세워진 도시다. 성격이 서로 다른 세 물길이 한곳에서 교차하며, 순환과 교류, 완충이 동시에 이루어지는 도시 구조를 만들어냈다.

AI 도시, 자연을 닮다

허드슨강은 북쪽 내륙에서 내려오는 민물이고, 이스트리버는 조석(潮汐)에 따라 방향이 바뀌는 해수의 통로다. 여기에 대서양이 더해지며 대규모 해류와 바람, 외부 에너지가 도시 안으로 유입된다. 이처럼 서로 다른 성질의 물길이 겹치는 구조는 뉴욕을 단일한 강의 도시가 아닌, 다층적인 흐름을 가진 도시로 만들고 있다.

이 세 물길이 만나는 맨해튼 남단은 서로 다른 흐름이 한 지점에 겹치며, 순환과 교류가 자연스럽게 이루어지는 통합의 공간이 된다. 전통적으로는 이러한 지형을 '합수혈'이라고 불렀고, 현대 도시과학에서는 여러 수계와 흐름이 중첩된 결절의 핵심 지역으로 설명하고 있다.

사진 18. 뉴욕, 허드슨강과 이스트리버, 대서양이 만나는 도시의 심장

뉴욕의 힘은 이 세 물길이 교차하는 합수 구조에서 비롯된다.

합수가 만든 뉴욕의 두 가지 힘

이 합수 구조는 뉴욕에 두 가지 서로 다른 힘을 동시에 부여했다. 하나는 도시를 안정시키는 힘이고, 다른 하나는 기능과 사람이 집중되게 만드는 힘이다.

첫 번째 힘은 생태와 기후적 안정성이다. 물이 만나는 수변과 합수의 인접 지역에서는 유속이 자연스럽게 줄어들고, 바람길이 형성되며, 열이 한곳에 쌓이지 않는 순환 구조가 만들어진다. AI 기반 도시기후 분석에서도 이러한 지역은 주변에 비해 기온과 미기후의 변동 폭이 상대적으로 완만하게 나타난다.

두 번째 힘은 도시적 응집력이다. 물길이 교차하는 지점은 항만과 물류, 금융과 인구, 정보와 자본이 함께 모이기 쉬운 공간의 조건을 갖는다. 이러한 중첩된 구조는 뉴욕이 지역 도시를 넘어, 세계적 중심지로 성장할 수 있었던 토대가 되었다.

리버티섬과 엘리스섬은 이러한 합수의 구조 속에서 물길의 흐름을 직접 막지 않으면서 유속과 바람을 분산시키는 자연적 완충섬, 이른바 화표(華表)의 역할을 한다. AI 시뮬레이션에서도 이들 섬이 항만과 도심의 안정성을 높이는 효과가 확인되고 있다.

부산 – 강과 바다가 만든 동북아의 관문 도시

부산은 낙동강이 남해로 흘러드는 합수 지점에 자리한 도시다. 강의 민물, 바다의 해류, 그리고 하구에서 반복되는 밀물과 썰물이 한곳에서 겹치며 자연적으로 순환과 교류가 집중되는 구조가 형성되었다. 이 지형은 오래전부터 항해와 상업, 물류의 중심이었고, 부산이 동북아의 관문 도시로 성장할 수 있었던 공간적 기반이 되었다.

전통 풍수는 이러한 지형을 '득수(得水)'라고 부르고, 현대 도시에서는 물과 바람의 흐름이 만나는 하구 구조라고 설명한다. 을숙도와 오륙도

낙동강과 남해가 만나는 합수 구조 위에서 부산은 항만과 물류, 교류의 중심 도시로 성장해왔다.

는 뉴욕의 리버티섬과 엘리스섬처럼 완충섬의 역할을 하며, 유속을 분산시키고 바람길을 조정해 부산항의 안정성과 지속성을 높이는 중요한 역할을 해왔다.

AI 기반 환경 분석에서도, 합수 지대는 주변 지역에 비해 기온과 수온의 변동 폭이 상대적으로 작고, 조석의 순환이 바람과 습도, 열을 조율해 자연적인 냉각과 환기 효과를 만들어내는 것으로 확인된다. 합수는 단순히 물이 만나는 지점이 아니라, 도시의 미기후와 활동 리듬이 안정되는 공간이라는 의미다.

합수의 도시, 워터프런트로 진화하다

오늘의 부산은 전통적인 합수 지형 위에 AI 기반 수문·기후 관리 기술을 결합하며, 미래형 워터프런트 도시로 진화하고 있다. 그 중심에 에코델타시티(Eco Delta City)가 있다.

에코델타시티에서는 수위와 유량, 염분과 조석, 바람과 습도 데이터를 실시간으로 수집하고, AI가 홍수와 폭풍해일 등의 시나리오를 예측하며, 하구 전반을 디지털 트윈으로 관리한다. 이는 합수라는 자연 구조 위에 기술을 덧붙인 것에 머물지 않고, 자연의 순환을 읽고 조율하는 방식으로 도시를 운영하려는 시도다.

부산은 이 원리를 가장 현대적으로 구현하고 있는 도시다. 합수가 만든 순환의 구조 위에 AI가 새로운 관리 질서를 더하며, 도시의 회복력과 확장성, 미래 대응력을 함께 강화하고 있다.

합수의 도시, 글로벌 중심지로 도약하다

뉴욕과 부산의 사례가 보여주는 핵심은 분명하다. 합수는 단순한 지형적 조건이 아니라, 도시의 위계를 재구성하는 중요한 요인 중 하나다.

오늘날 합수 지점은 물과 바람이 만나는 장소를 넘어, 교통과 물류, 금융과 정보, 인구와 데이터가 동시에 만나는 공간으로 평가된다. 도시 안에서 이동과 거래, 소통이 가장 활발하게 겹치는 자리다. AI 기반 도시 분석은 이러한 지역을 이동과 거래, 통신 등의 데이터의 밀도가 가장 높게 겹치는 결절점으로 본다. 합수는 이렇게 도시 활동과 데이터가 함께 모이는 자리다.

이러한 데이터의 합수는 도시 내부의 위계를 다시 만든다. 자본과 혁신, 의사결정과 영향력이 특정 지점에 집중되면서, 합수 지역은 자연스럽게 국가적 중심을 넘어 글로벌 허브로 확장된다. 뉴욕이 세계 금융의 중심으로, 부산이 동북아의 관문으로 자리 잡은 이유도 여기에 있다.

합수의 도시는 우연히 만들어지지 않는다. 자연이 만든 흐름 위에, 데이터와 기술이 도시의 질서를 다시 배열할 때 그곳은 세계의 수도로 기능하기 시작하는 것이다.

이제 다음 챕터에서는 이러한 흐름이 강을 넘어 도시 전체로 어떻게 확장되는지, 그리고 AI가 그 위계를 어떻게 읽고 조율하는지를 살펴볼 것이다.

합수가 만든 신비의 마을, 춘천 박사마을

춘천 서면의 '박사마을'은 북한강과 소양강이 합쳐져 의암호로 이어지는 합수 지점에 자리한다. 1967년 의암댐이 건설되면서 두 강의 합류 지역에 물이 완만히 머무는 합수 지형이 형성되었고, 이후 인구 4,000명의 작은 고장에서 219명의 박사가 배출되었다.

이러한 결과는 합수라는 지형이 만들어낸 공간적 조건과 연결되어 있다. 두 강이 만나는 합수 지점은 물의 흐름이 완만해지고 외부 자극이 줄어들며, 장기간 머물기에 안정적인 환경이 조성되기 때문이다. 이 지형을 감싸듯 이어지는 대룡산의 능선은 바람과 기운이 흩어지지 않도록 공간을 보호하는 산세인데, 풍수에서는 이러한 산세를 학문과 학자의 탄생을 상징하는 문필봉(文筆峰)의 모습이라고 했다. 그래서 이곳에서 많은 학자와 박사가 배출되었다는 해석도 함께 전해진다.

이러한 지형적 조건은 실제로 관측되는 환경적 특성이기도 하다. AI 기반 환경·기후 분석에서도 이 지역은 온·습도의 변동 폭이 작고, 미세먼지 농도가 낮으며, 수변을 따라 형성된 바람길이 안정적으로 유지되는 것으로 나타난다. 이는 합수 지형과 이를 감싸는 산세가 외부 자극을 완화하고, 장기간 머물며 몰입하기에 적합한 환경을 만들어왔음을 보여준다.

대도시든 작은 마을이든, 두 물이 만나는 자리에는 교류와 안정, 집중의 패턴이 반복해서 나타난다. 춘천 박사마을은 합수의 원리가 일상의 공간에서도 나타남을 보여주는 사례다.

치수의 공간에서
친수의 공간으로

도시는 언제나 물과 함께 성장해왔다. 홍수를 막기 위해 물을 '통제'하던 시대가 있었고, 생활과 산업을 위해 물을 '활용'하던 시대가 있었다면, 오늘의 도시는 물과 '공존'을 통해 품질을 높이려는 단계로 나아가고 있다.

'산은 형체를 세우고, 물은 생명을 돌린다(山形水養)'라는 풍수 언어는 이런 변화를 가장 잘 설명하고 있다. 산은 도시의 구조를 만들고, 물은 그 구조를 움직이게 하는 에너지를 공급한다는 뜻이다. 도시가 번성한 시기에는 언제나 물과의 관계가 재정의되었다. 물을 막을 것인지, 활용할 것인지, 함께 살 것인지에 대한 선택이었고, 이 선택이 도시의 생명력을 결정해왔다.

AI 시대의 도시는 이 같은 움직임의 다음 단계에 와 있다. 수위와 유량, 습도와 열의 흐름이 모두 데이터로 정확하게 읽히고 있는 지금, 도시는 물을 단순히 관리하는 공간을 넘어, 물의 흐름을 해석하고 조율하는 생태적 시스템으로 진화하고 있다.

물의 세 가지 기능 – 치수, 이수, 친수

도시가 물을 다루는 방식은 시대마다 변해왔는데, 그 변화는 치수와 이수, 친수의 세 단계로 설명할 수 있다.

먼저 치수(治水)는 물을 막고 다스리던 시대다. 홍수로부터 도시를 지키는 것이 최우선 과제였고, 둑을 쌓고, 하천을 직선화하며, 물길을 통제하는 방식이 중심이 되었다. 이 시기의 도시 전략은 한마디로 '물과 거리 두기'였다.

다음은 이수(利水), 물을 활용하던 시대다. 농업용수와 산업용수, 상수도 공급을 중심으로 물은 도시의 성장과 경제 활동을 지탱하는 자원으로 인식되기 시작했다.

마지막은 친수(親水), 물과 함께 사는 시대다. 이 시기의 물은 위험을 막거나 자원을 활용하는 대상이 아니라, 삶의 질과 도시의 품격을 결정하는 환경으로 인식된다. 수변공원과 보행로, 생태 복원을 통해 도시는 물과 사람의 관계를 재정립하고 있다. 물은 더 이상 관리의 대상이 아니라, 일상의 질을 만들어내는 공간 조건이 된 것이다.

풍수에서 말하는 '좋은 물을 얻는 것이 으뜸'이라는 표현은, 치수와 이수, 친수로 이어지는 도시와 물의 관계를 하나로 꿰는 핵심을 담고 있다. 여기서 말하는 '좋은 물'이란 단순히 물이 많거나 깨끗하다는 뜻이 아니다. 홍수를 막고(치수), 삶과 산업에 활용하며(이수), 마침내 일상에서 함께 살아가는(친수) 단계까지, 도시와 물의 관계가 충돌하지 않고 균형에 이른 상태를 의미한다.

도시 생태학은 이를 도시가 물과 조화를 이룰 때 지속될 수 있다는 개념으로 설명해왔다. 물의 순환이 끊기지 않고, 도시의 기능이 그 흐름을 거스르지 않을 때 도시는 비로소 안정과 회복력을 갖게 된다는 것이다.

AI 기반 도시계획은 이 오래된 통찰을 데이터로 구체화한다. 수위와 유량, 강우와 조석, 기후와 이용 패턴을 종합해 물과 도시의 관계를 실시간으로 읽고 조율하는 '데이터 기반 물-도시 조율 시스템'으로 다시 정의하는 것이다.

치수, 이수, 친수의 실제 도시 사례

1. 치수의 도시 : 서울

서울은 오랜 시간 물을 두려워해온 도시다. 조선의 도읍은 청계천을 중심으로 형성되었고, 근대 이후의 수도는 한강을 따라 확장되었지만,

그 과정은 줄곧 '치수'의 논리에 갇혀 있었다.

1980년대의 한강종합개발사업은 홍수 방지와 수질 개선 등 치수 측면에서 분명한 성과를 남겼다. 그러나 높은 제방과 자동차 전용도로, 강변을 따라 늘어선 아파트 단지는 한강을 시민의 일상에서 멀어지게 했다. 강은 여전히 도시의 중심이었지만, 사람은 강에 접근할 수 없는 구조가 고착된 것이다.

풍수의 언어로 보면 이는 '기가 머물 곳을 잃은 형국(氣無所止)'에 가깝다. 서울은 오랫동안 물을 통제하는 데는 성공했지만, 물과 함께 살아가는 도시로는 아직 완전히 전환하지 못했다. 지금의 서울은 치수의 도시에서 친수의 도시로 넘어가기 직전, 가장 불안정하면서도 중요한 전환점에 서 있다고 본다.

2. 이수의 도시 : 로테르담

이수는 물로 인한 피해를 막는 데서 한 걸음 더 나아간 개념이다. 홍수와 범람을 통제한 이후, 물을 도시의 성장에 어떻게 활용할 것인가를 묻는 단계다.

네덜란드의 로테르담은 이수의 대표적 사례다. 해수면보다 낮은 저지대에 있는 이 도시는 오랜 시간 치수에 국가적 역량을 집중해왔다. 방조제와 수문, 거대한 수리 인프라는 도시를 물로부터 지켜내는 최소 조건이었다.

그러나 로테르담은 물을 막는 데서 멈추지 않았다. 도시는 물을 위협이 아닌, 도시의 기능과 산업을 움직이는 자원으로 인식한 것이다. 수문과 방조제는 항만과 수로 물류로 연결하는 등 물을 도시 성장의 핵심 동력으로 활용하기 시작한 것이다.

이 전환을 통해 로테르담은 '물과 싸우는 도시'에서 '물을 통해 성장하는 도시'로 성격을 바꾸었다. 이것이 이수의 핵심이다. 다만 이수는 완결된 단계가 아님을 기억해야 한다. 물은 효율적으로 활용되지만, 도시의 일상 속까지 스며든 것이 아니기 때문이다. 이수는 친수로 나아가기 위한 필수적인 중간 단계일 뿐이다.

3. 친수의 도시 : 볼티모어

친수의 도시는 물을 통제하거나 활용하는 단계를 넘어, 도시의 일상 속으로 불러들이는 단계다. 물을 위험 요소와 자원이라는 개념을 넘어 사람이 머물고 관계를 맺는 공간이라는 개념으로 발전시킨 것이다.

미국의 볼티모어는 이 전환을 가장 분명하게 보여주는 도시다. 한때 쇠퇴한 항구 도시였던 볼티모어는 1960년대 이후 '이너하버(Inner Harbor)'의 재생을 통해 물과 사람의 관계를 도시의 중심으로 되돌려 놓았다. 낡은 항만과 창고는 문화와 교육, 휴식 공간으로 바뀌었고, 보행로와 광장은 물가와 직접 연결되었다. 시민들은 특별한 목적이 없어도 언제든 수변을 걷고, 머물며, 도시를 누릴 수 있게 되었다.

이 과정에서 물은 다시 도시의 환경을 조율하는 역할을 한다. AI 기반 환경 관리 시스템은 수질과 유속, 온도의 변화를 관찰하며 도시의 쾌적성을 유지하는 데 활용된다. 이 경우도 기술은 전면에 나서는 것이 아니라 사람의 일상을 뒷받침하는 배경으로 역할을 한다.

그 결과 볼티모어는 도시의 안전과 활력이 함께 회복되는 변화를 경험했다. 시민들이 체감하는 치안이 개선되었고, 수변은 시민과 방문객이 모이는 일상의 공간으로 되살아났다. 이렇게 도시는 다시 '살아 있는 장소'로 부활하게 된다.

풍수의 언어로는, 이는 흩어졌던 기운이 다시 모여 생명이 돌아온 자리, 곧 집기지지(聚氣之地)에 가깝다고 할 수 있다. 친수의 도시는 이렇게 물과 사람, 도시가 다시 관계를 맺는 곳에서 완성된다.

도심 한가운데서 살아난 물길, 광저우 하이주 습지

광저우의 하이주(海珠) 습지는 대도시 한복판에서 사라졌던 물길을 되살린 보기 드문 사례다. 펄강(珠江) 하구는 산업화와 개발로 습지가 빠르게 소실되었고, 그 결과 도시는 홍수 위험과 열섬, 수질 악화가 반복되는 상황에 놓여 있었다.

광저우는 강과 바다가 만나는 하이주 일대를 도시 습지로 복원해, 자연형 저류지와 수로를 다시 연결했다. 토양이 물을 머금고 식생이 회복되면서, 폭우 시에는 물을 흡수해 도시를 보호하고, 평상시에는 생태와 휴식, 교육이 어우러진 친수 공간으로 기능하도록 설계했다.

이 복원을 통해 하이주 습지는 단순한 공원이 아니라, 도심 내부에서 물의 순환과 기후 완충을 담당하는 핵심 공간으로 역할을 하기 시작했다. 습지가 회복되자 바람의 흐름이 부드러워지고, 주변 지역의 열과 습도도 안정되는 변화가 관찰되었다.

광저우 하이주 습지는 도시가 물을 밀어내는 대신 받아들일 때, 도심의 회복력과 품질이 동시에 높아질 수 있음을 보여주는 사례다.

AI 도시, 자연을 닮다

서울 – 치수의 도시에서 공존의 도시로

치수의 도시 서울에서도, 변화의 조짐은 나타나고 있었다. 사람의 개입이 줄어든 한강의 일부 구간에서, 자연이 스스로 균형을 회복하기 시작한 것이다.

한강 하류 하남의 당정섬은 1970년대 한강종합개발 과정에서 골재 채취와 폭파로 사라진 섬이다. 하지만 1990년대 중반 이후 퇴적과 식생 복원이 일어나며 모래톱이 다시 형성되고, 철새와 어류가 돌아오는 생태 회복이 시작되었다. 인위적으로 제거되었던 지형이 시간 속에서 다시 모습을 드러낸 것이다.

풍수로 보면 이는 화표(華表)의 자연적 귀환이라고 할 수 있다. 화표는 물의 흐름을 부드럽게 돌려 기운이 머물게 하는 자연형 비보를 뜻한다. 사라졌던 섬이 다시 형성되었다는 사실은, 자연이 스스로 흐름을 복원하며 파괴의 상처를 메워간 상징적 장면이다.

AI는 이 변화를 다음과 같이 분석한다. 지속해서 축적된 물과 기후 관련 데이터를 살펴보면, 당정섬 일대에서 물의 흐름이 느려지고, 주변 환경도 이전보다 안정적으로 변화되고 있다. 이는 물의 순환이 주변 환경의 균형 회복에 기여하고 있음을 데이터로 확인할 수 있는 사례다.

한강의 유속을 부드럽게 분산시키는 자연형 완충지대다. 한강대교 아래에서 시간이 만든 섬으로 도시와 강의 관계를 다시 열어주는 관문이다.

그러나 서울은 여전히 치수 중심의 사고에서 완전히 벗어나지 못하고 있는 듯하다. 볼티모어가 항만을 시민의 일상으로 되돌리며 '친수의 도시'로 전환한 것과 달리, 서울은 아직 물을 위험 관리의 대상으로 바라보는 경향이 강하기 때문이다.

한강이 다시 생기를 회복하는 데 필요한 것은 거대한 토목 사업이 아니다. 물과 사람, 생태와 기술이 함께 호흡하는 도시로의 전환이다. 자연은 이미 회복의 방향을 보여주고 있고, AI는 그 변화를 정밀하게 읽고 있다. 이제 도시계획이 해야 할 일은 그것을 설계에 반영하는 것이다.

AI 도시, 자연을 닮다

제방과 도로가 강을 단절하는 방식에서 벗어나, 수변 접근성 회복과 생태 복원, 도시 통풍과 열이나 습도의 순환을 하나의 생태계처럼 통합하는 전략이 필요하다. 이것이 한강이 앞으로 배워야 할 도시 전략의 핵심이다. 비슷한 회복의 장면은 여의도 인근 밤섬에서도 확인된다. 개발 과정에서 사라졌던 이 섬은 퇴적과 식생을 통해 다시 형성되었고, 오늘날에는 도심 열섬 완화와 생물 다양성을 지탱하는 중요한 생태축으로 기능하고 있다.

물은 흘러 도시의 기억을 되살린다. 풍수에서는 '물이 흐르면 기가 돌고, 기가 돌면 도시가 산다'라고 말해왔다. AI는 그 오래된 통찰을 데이터로 다시 확인하고 있다. 한강이 사람에게 다시 열리고, 물이 생태와 연결될 때, 도시는 비로소 공존의 단계로 나아갈 수 있다.

도시는 물을 기억한다

도시는 물이 지나간 자리에 기억을 남긴다.
강의 방향과 속도, 굽이치는 형상은 도시의 기후와 생활권을 만들고,
그 위에 사람의 시간이 켜켜이 쌓이며 사람들이 모여 사는 공간이 완성된다.

볼티모어의 항구, 한강의 당정섬과 밤섬, 그리고 부산의 낙동강 하구까지…
서로 다른 도시들이 공통으로 보여준 것은 하나의 원리다.
도시는 물을 통제할 때가 아니라, 물과 함께 호흡할 때 다시 살아난다는 것.

풍수에서는 오래전부터 '물이 모이는 곳에 생명이 깃든다'라고 말해왔다.
오늘의 AI는 그 직관을 데이터로 다시 확인하고 있다.
물이 흐르고 순환되는 자리에서 생태는 돌아오고, 생활은 머물며,
도시의 활력은 되살아난다.

그리고 그 흐름이 모이는 곳에서 도시는 하나의 '결'을 갖게 된다.
도시의 결이란, 물이 만든 흐름 위에 시간이 쌓여 형성된 도시의 모습이다.
사람들이 반복해서 선택한 공간이 자연스럽게 압축되고, 그 압축의 방향이

AI 도시, 자연을 닮다

도시의 결을 형성한다.

이제 시선은 강의 곡선을 잠시 떠나, 내부로 이어지는 도시의 결을 따라가려고 한다. 산과 물, 사람과 기술이 얽히며 만들어내는 도시의 숨결과 구조.

다음 장에서는 그 결이 도시 전체를 어떻게 만들어가는지를 본격적으로 살펴볼 것이다.

4장
도시의 결(結)
- 회복을 위한 압축·연결·순환

선배 하나가 말했다.
"야, 너 요즘 어디 아픈 거 아니냐? 뭐든 그때그때 풀어.
쌓아두면 결국 병이 된다니까."

나는 그 말을 대수롭지 않게 넘겼다.
앞만 보고 달리는 것이 능력이라고 믿었고,
버티는 것이 살아남는 방식이라고 생각했던 시절이었다.

하지만 몸은 결국 신호를 보내왔고,
나는 차가운 수술대 위에서 '풀지 못한 응어리'와 마주해야 했다.

도시도 다르지 않다.
멈추지 않는 속도로 압축을 거듭하며,
비좁은 공간에 기능과 욕망이 켜켜이 쌓이는 거대한 유기체다.
겉으로는 눈부시게 보이지만, 그 안쪽에서는 피로와 균열이 축적되고 있다.

열은 갇히고, 바람은 막힌다.
직선으로 흐르는 물길과 과부하에 걸린 교통망은
도시의 숨을 더욱 옥죄고 있다.
도시는 어느 순간부터 자기 속도에 질식하기 시작한 것이다.

도시는 나처럼 아프다. 너무 많이 쌓였고, 너무 오래 달려왔다.
순환되지 못한 압축 속에서 도시의 결(結)은 연결되지 못한 채

AI 도시, 자연을 닮다

도시 내부에 머물러 있다.

이 장은 순환을 잃은 도시의 '결(結)'을 회복하는 이야기다.
압축된 도시가 연결을 통해 막힌 흐름을 열고,
순환을 통해 에너지를 되돌리며,
AI와 자연이 함께 도시의 균형을 짜는 과정을 탐구한다.

도시가 살아나는 길은 멈춤이 아니다.
압축에 머문 결이 연결을 통해 풀리고,
그 연결이 순환으로 깊어질 때,
도시는 비로소 다시 생명력을 회복할 것이다.

도시를 구성하는 세 가지 축 – 결·결절·순환

① **결**(結) : 여러 흐름이 모여 도시의 성격이 만들어지는 중심(중심지)이다. 사람과 문화, 상업과 경관이 겹치며 도시의 분위기와 성질이 형성되는 자리다.

② **결절**(結節) : 철도와 도로, 모빌리티와 정보가 만나는 기능적 교차점(노드)이다. 접근성과 속도, 네트워크가 집중되는 구조적 중심이다.

③ **순환**(循環) : 바람길, 물길, 사람길이 이어지는 도시의 호흡이다. 응축과 연결로 모인 에너지가 막히지 않고 다시 흐르는 생명의 구조다.

※ 현실 도시에서는 결과 결절은 다음과 같은 방식으로 나타난다.

① **겹치는 경우**(결 = 결절) : 역사와 문화, 경제의 중심과 교통과 환승의 중심이 같은 자리다(예 : 서울역, 강남역 주변 일부).

② **분리되는 경우**(결 ≠ 결절) : 역사와 문화의 중심은 유지되지만, 교통·환승의 중심은 다른 곳으로 이동한 것이다(예 : 경복궁, 인사동 ↔ 고속버스터미널, 복합환승센터).

③ **다핵 구조 + 결절 네트워크** : 여러 결이 존재하고, 결절이 이를 철도·도로망으로 연결(다핵 도시, 메가리전 등)한 것이다.

※ 결절은 결을 강화하고, 결은 순환을 만든다. 이 세 축이 맞물릴 때, 도시는 다시 살아 움직이는 유기체가 된다.

AI 도시, 자연을 닮다

콤팩트시티,
과연 정답일까?

도시는 스스로를 압축하며 진화해왔다. 더 많은 사람과 기능을 한정된 공간 안에 밀어 넣는 과정에서, 도시는 속도와 효율, 선택의 밀도를 높여 왔다. 압축은 계획의 결과이기 이전에, 도시가 생존하기 위해 반복해온 진화의 방식이었다.

AI 시대에 들어서며 도시의 밀집은 한층 더 가속되고 있다. 인간은 함께 모여 관계를 형성하는 사회적 존재이며, 데이터와 기술 또한 분산된 공간보다 집적된 환경에서 그 효율이 커진다. 밀도가 높아질수록 정보는 빠르게 이동하고, 의사결정의 속도 역시 빨라진다.

도시의 '뾰족함'은 응축이 만들어낸 욕망의 한 형태다. 교통의 속도가 빨라질수록 도시는 더욱 뾰족해진다. 고속철도와 광역급행철도가 교차

하는 초역세권마다 사람과 일자리가 집중되고, 그 중심에는 어김없이
초고층 건물이 솟아오른다.

뉴욕의 초고층 밀집 지역은 현대 도시를 대표하는 결절점이다. 사람
과 일자리, 교통과 데이터가 한곳에 모이며 도시의 기능이 집중되는 중
심지가 형성된다. 이러한 중심은 단순한 물리적 집적을 넘어, 도시의 선
택과 활동이 가장 많이 집중되는 자리다.

이 같은 응축이 반복되면 도시는 하나의 '결(結)'을 갖게 된다. 사람들

초고층이 수직으로 응축된 도시의 결절점이며, 세계에서 가장 밀도 높은 도시 에너지가 높은 밀도
로 모여드는 공간이다.

AI 도시, 자연을 닮다

이 자주 찾고, 오래 머무는 공간이 자연스럽게 중심으로 자리 잡으면서 도시의 성격과 분위기가 그곳에 형성되기 시작한다. 이처럼 선택과 체류가 쌓여 형성된 중심을, 이 책에서는 '결'이라고 부르기로 한다.

결이 형성되면 도시의 기능과 활동은 그 중심을 기준으로 퍼져 나가고, 도시는 중심과 주변이 확실히 구별된 구조를 갖게 된다. 중심이 형성되면서, 도시의 움직임은 그 지점을 기준으로 시작된다.

이 과정에서, 도시의 경쟁력은 얼마나 잘 모이느냐(압축)와 그렇게 모인 것이 얼마나 자연스럽게 이어지고 순환하느냐(연결)에 달려 있다. 도시는 결·결절·순환이 맞물릴 때 안정된 하나의 시스템으로 완성된다.

AI는 이 균형을 읽고 조율하는 역할을 한다. 공간과 이동 경로, 사람과 정보가 복잡하게 얽힌 도시에서 AI는 교통과 체류, 혼잡과 과부하가 어디에서 생기는지를 먼저 드러낸다. 이를 통해 도시는 막힘이 쌓이는 지점과 원활하게 움직이는 지점을 구분할 수 있게 된다.

이제 AI 시대 도시가 마주한 가장 현실적인 조건, '압축'에 대해 살펴보자. 도시는 왜 점점 더 모이고 높아졌는가? 그 압축은 어떤 효율을 만들었고, 어떤 피로를 남겼는가? 그리고 AI는 이 압축의 문제를 어떻게 읽고 조율하려 하는가?

여기에서는 초고층이 가진 한계점과 콤팩트시티, AI가 설계하는 압축도시의 실험까지를 따라가며, 압축을 인정하되 그 압축이 만들어낸 문제를 어떻게 풀 수 있는지를 알아볼 것이다.

초고층의 한계 - 뾰족함에서 오는 불편함

고층은 도시의 상징이다. 한정된 공간에서 많은 기능을 수용하고, 효율과 밀도를 높이기 위한 선택이다. 그러나 고층이 늘어날수록 도시가 떠안게 되는 부담이 커지는 것도 사실이다.

엘리베이터 대기시간과 피난의 어려움, 높은 에너지 소비와 유지관리 비용, 열섬과 기류 왜곡에서 비롯되는 환경 스트레스 등은 고층화가 반복되고 누적되는 압축의 부작용이라고 할 수 있다. 첨단 기술로 이러한 문제를 일부 완화할 수는 있지만, 고층 구조가 가진 물리적 한계까지 없애지는 못한다.

1990~2000년대 일본에서는 초고층 주거가 급격히 늘어나자, 요코하마와 오사카, 도쿄 등에서 고층 거주자의 건강 영향을 조사하는 연구들이 이어졌다.

이러한 연구들은 공통으로 고층 생활이 인간의 생리 및 심리적 안정에 많은 부담을 주고 있음을 지적했다. 자연 환기의 제한, 고도에 따른 기압과 온도 변화, 그리고 건물의 미세한 흔들림이 신체에 지속적인 긴장을 유발한다는 점이 그 이유로 제시되었다.

그러나 이 문제는 건강에만 국한되지 않는다. 초고층 단지는 구조적으로 재건축이 쉽지 않기 때문이다. 높은 용적률로 지어진 건물은 노후화가 시작되면 유지관리 비용이 빠르게 증가하고, 추가적인 면적 확보가 어려워 재건축 자체에 막대한 비용이 소요된다. 그 결과, 도시 중심부의 고층 밀집 지역 전체가 장기적인 부담 공간으로 전환될 위험을 안고 있다.

동시에 도시는 높아질수록 압축의 효율을 얻지만, 그만큼 순환의 여지는 줄어든다. 바람은 막히고, 그림자는 길어지며, 열과 오염물질이 정체되기 때문이다. 압축이 순환으로 이어지지 못할 때, 도시의 중심부는 점차 부담을 안은 공간으로 변해간다.

압축도시의 재해석

고밀 복합과 초고층으로 압축된 도시가 활력을 유지하려면 '순환'이 필요하다. 문제는 압축이 아니라, 압축된 지역에서 순환이 멈출 때 발생한다. AI는 바로 이 지점을 읽고 조율하는 도구다. AI는 도시 안에서 막힘이 반복되는 구간과 부담이 쌓이는 지점을 데이터로 구분해낸다. 공조와 피난, 열 관리와 같은 도시 시스템과 자연환경의 변화를 AI는 함께 살펴보며, 어디에서 순환이 끊기는지를 짚어낸다. 이러한 AI의 분석은 도시가 어디에서 순환을 회복해야 하는지를 판단하는 기준이 되며, 도시계획은 이를 토대로 고밀 복합의 압축도시를 보다 안정적인 구조로 재구성해 나갈 수 있다.

압축도시는 기술과 자연이 같은 방향을 향할 때 비로소 균형을 이룬다. 위로 쌓아 올리는 밀도만으로는 도시가 지속될 수 없다. 막힌 흐름을 풀고 순환의 여지를 만들어내는 구조로의 전환이 필요하다. 압축은 도시 성장의 결과이지, 그 자체로 해법은 아니다.

그 방식은 도시마다 달랐다. 어떤 도시는 여백을 남겼고, 어떤 도시는 일상의 동선을 바꾸었으며, 또 어떤 도시는 압축의 위치를 재배치했다. 압축을 부정하지 않으면서도 다르게 설계한 이 선택들은, 고밀 도시가 스스로를 회복해가는 여러 갈래의 길을 보여준다. 이제 그 사례들을 살펴볼 차례다.

압축을 다르게 설계한 도시들

1. 뉴욕 – 배터리파크시티

배터리파크시티는 초고밀 도심 한가운데서 압축을 완화하는 방식으로 '여백'을 선택했다. 높은 밀도를 유지하되, 수변과 공원을 전체 면적의 약 30% 이상 확보해 물과 바람이 흐를 공간을 의도적으로 마련했다. 주거와 업무, 상업의 기능은 밀집되어 있지만, 그 사이사이에 열린 녹지와 보행축이 배치되어 압축도시의 긴장을 풀어내는 구조로 설계되었다. 이곳에서 압축은 쌓아 올리는 행위가 아니라, 호흡을 위한 틈을 설계하는 방식으로 다시 해석된다. 배터리파크시티는 고밀 도시도 숨 쉴 수 있는 구조로 만들 수 있다는 사실을 가장 직관적으로 보여준 사례다.

AI 도시, 자연을 닮다

2. 도쿄 – 롯폰기힐즈

롯폰기힐즈는 압축의 문제를 '일상의 동선'으로 풀어낸 도시다. 초고밀과 복합용도라는 도시 구조를 받아들이되, 주거와 업무, 문화와 여가가 한 생활권 안에서 짧은 이동으로 이어지도록 구성했다. 이 도시의 특징은 수직으로 고밀도를 이루면서도, 사람의 움직임을 지상에만 가두지 않았다는 점이다. 엘리베이터와 지하 통로 중심의 이동을 최소화하고, 보행로와 공원이 위아래로 이어지도록 배치했다. 위로 오를수록 시야가 열리고, 이동의 중간중간에 머물 수 있는 공간이 자연스럽게 나타난다.

테라스형 녹지와 옥상정원, 공중 보행로가 층층이 연결되며, 사람들은 위로 이동하면서도 끊임없이 외부 공간과 마주한다. '수직공원' 역시 고층 공간에서도 사람들이 걷다가 쉬고, 머물다가 다시 이동할 수 있도록 일상의 흐름을 이어주는 역할을 한다.

그 결과 롯폰기힐즈는 밀도는 높지만, 피로가 쉽게 누적되지 않는 구조를 갖게 되었다. 고밀 압축을 실현하면서도, 그 압축을 사람의 속도와 호흡에 맞게 조정한 도시다.

3. 파리 – 라데팡스

라데팡스는 압축의 문제를 '위치의 선택'으로 풀어낸 도시다. 파리는 고밀 업무 기능을 도심에 쌓아 올린 다른 도시들과 달리, 역사와 일상이 축적된 중심부를 보호하는 길을 택했다. 중세의 가로망과 기념물, 인간의 보행 스케일이 남아 있는 도심의 스카이라인을 지키기 위해 대규모 개발을 외곽으로 옮긴 것이다. 이렇게 탄생한 라데팡스는 파리 서쪽 외곽에 고층 업무 시설과 국제 금융 기능을 집중시킨 계획 도시다. 초고층 빌딩과 대형 오피스가 밀집해 있지만, 사람들의 일상은 지상부를 중심으로 펼쳐지도록 했다. 차량 흐름을 최소화하고, 넓은 보행 데크와 광장, 공공 공간을 중심으로 도시를 구성함으로써 이동은 도로가 아니라 열린 공간을 따라 이루어진다.

라데팡스는 고밀과 고층을 수용하되, 그 압축의 위치를 조정함으로써 도시 전체의 균형을 지켜낸 사례다. 역사 도심은 보호하고 업무 기능은 외곽에 집중시키며, 공공성은 지상에서 유지하는 구조를 완성했다. 이는 고밀과 공공성이 양립할 수 있음을 보여주는 유럽형 '외곽 콤팩트'의 해법이다.

이들 도시가 보여주는 공통된 사실은 압축된 구조는 도시의 문제이자 동시에 가능성이라는 점이다. 밀도를 피하지 않고 높이를 거부하지 않더라도, 여백을 만들고 동선을 조정하며 위치를 바꾸는 방식으로 도시는 스스로의 피로를 완화할 수 있음을 보여준다.

압축은 필요하지만, 압축만으로 도시는 완성되지 않는다. 도시의 중심부에 응축된 기능과 에너지가 서로 이어지고 흐르지 않는다면, 압축은 곧 정체로 전환되기 때문이다. 그래서 압축도시의 다음 과제는 연결이다. 어떻게 모일 것인가를 넘어, 어떻게 연결할 것인가. 이제 도시는 '압축' 다음 단계인, 연결의 도시로 이동한다.

압축도시에서 '순환'을 읽은 공간 - 트럼프타워

초고층 압축도시는 도시의 기능과 에너지를 한곳에 모아낸다. 이 밀도가 낳는 막힘을, AI 이전에 이미 공간으로 풀어내려고 한 사례가 있다. 뉴욕 트럼프타워다.

트럼프타워는 설계 단계에서 입구의 방향과 로비의 개방성, 높은 아트리움에서 내려오는 폭포의 물길까지 공기가 자연스럽게 흐르도록 설계되었다. 공기가 흐르면 체류감이 생기고, 시야가 열리면 심리적 개방감이 형성되며, 동선이 자연스러울수록 사람은 공간을 편안하게 느낀다는 감각을 트럼프는 경험으로 알고 있었다.

"공간의 기운이 막히면 사업도 막힌다"라는 그의 표현은 직관적이지만, 그 핵심은 초고층 압축이 만들어내는 답답함을 바람과 빛, 동선의 흐름으로 보정하려는 공간 인식이 아닐까. 정치적 이미지를 걷어내고 보면, 트럼프타워는 압축 문명이 낳는 한계를 '순환'으로 완화하려 했던 초기 실험이라고 할 수 있다.

오늘날 AI가 하는 일은 이 직관을 도시 전체로 확장하는 것이다. 개인의 감각에 의존하던 판단을 데이터와 시뮬레이션으로 반복 가능하게 만들고, 압축이 만든 막힘을 도시 차원에서 풀어내고 있다.

압축도시의 결절점들은 도로·철도·데이터·에너지 네트워크로 서로 연결되며, AI는 이 흐름을 실시간으로 조율하는 도시의 신경망으로 작동한다.

네트워크의 역설

도시는 압축만으로 유지되지 않는다. 압축된 기능과 밀도는 서로 이어지고 비로소 힘을 얻는다. 사람과 일, 물류와 정보가 흐를 수 있어야 도시의 중심은 숨을 쉰다.

압축된 도시에서 연결은 선택이 아니다. 연결이 멈추는 순간, 압축은 효율이 아니라 부담으로 바뀐다. 도시의 성패는 얼마나 모였는가가 아니라, 그 밀도가 어떻게 이어지고 순환하는가에 달려 있다. 압축이 도시의 형태를 만든다면, 연결은 그것을 움직이게 하는 힘이다.

이제, 도시의 연결을 근본적으로 바꾸어온 가장 강력한 힘, 교통의 변화를 살펴볼 차례다.

교통혁명이 만든 연결의 도시

도시의 압축은 끊임없는 이동 속도의 진화가 만들어낸 현상이다. 인간의 신체 능력은 수만 년 동안 크게 변하지 않았지만, 교통 기술의 혁신은 거리의 개념과 생활권의 범위를 획기적으로 바꾸고 있기 때문이다.

한 세기 전만 해도 경인선은 시속 30km 남짓한 단선 철도였다. 그러나 KTX는 이동 속도를 10배 가까이 끌어올리며 시속 300km의 시대를 열었고, 도쿄와 오사카를 잇는 리니어 신칸센은 이미 시속 500~600km의 세계로 진입했다. 그리고 지금, 우리는 또 하나의 변곡점 앞에 서 있다. 저압관 속을 자기부상 기술로 달리는 하이퍼튜브는 시속 1,200km를 목표로 하며, 서울과 부산을 사실상 15~20분 거리로 압축할 수 있는 새로운 교통 체계로 논의되고 있기 때문이다.

이러한 변화는 단순한 교통수단의 진화에 그치지 않는다. 속도가 일정 기준을 넘어서면, 논의의 핵심은 '얼마나 멀리 떨어져 있는가?'라는 거리의 이슈에서 '얼마나 빨리 도달할 수 있는가?'라는 시간의 이슈로 재편되기 때문이다.

물리적 거리는 그대로지만, 시간 거리가 급격히 줄어들면서 도시는 서로 떨어진 공간이 아니라 하나의 생활권처럼 겹치기 시작한다. 서울과 부산은 더 이상 '먼 도시'가 아니라, 속도로 이어진 하나의 일상권으로 인식된다는 의미다.

그러나 이 연결은 도시를 고르게 분산시키지 않는다. 더 빠른 이동은 사람과 기능을 특정 지점으로 더욱 강하게 끌어당긴다. 속도가 높아질수록, 연결은 단순한 선이 아니라 중심지를 만들어내기 때문이다.

KTX와 SRT, GTX 같은 광역 철도와 도시철도, 버스, 공항이 한 지점에서 만나는 곳은 단순한 '역세권'이 아니다. 이 지점은 광역도시권 전체가 공유하는 핵심 거점, 즉 urban core가 된다. 일자리와 문화, 상업과 주거가 이곳에 겹칠수록 고밀·복합의 힘은 강화되고, 도시는 하나의 도심을 넘어 서로 얽힌 구조로 확장된다. 속도가 높아질수록 연결은 단순한 '선'이 아니라 '중심'을 만든다. 빠른 이동은 도시를 고르게 퍼뜨리기보다, 사람과 기능을 특정 지점으로 더 강하게 끌어당긴다. 이렇게 형성된 결절은 도시의 중심을 분명하게 만들고, 그 힘은 연결을 따라 주변으로 퍼져 나간다.

나는 이 구조를 '콤팩트-네트워크 도시(Compact-Network City)'라고 부른다.

콤팩트-네트워크 도시란, 기능과 활동이 결절점에 압축되어 효율을 만들고, 그 압축의 힘이 교통과 보행, 데이터와 생태의 연결망을 통해 도시권 전체로 확산하는 도시 구조를 말한다. 여기서 핵심은 더 크게 확장하는 것이 아니라, 어디에 압축하고 어떻게 연결할 것인가를 설계하는 데 있다.

이러한 도시는 단일 도심의 성장이 아니라, 여러 개의 콤팩트한 중심들이 네트워크로 엮이며 움직인다. 중심은 분명하지만 고립되지 않고, 연결은 촘촘하지만 무질서하지 않다. 압축과 연결이 균형을 이룰 때, 도시는 속도를 유지하면서도 피로를 누적하지 않는 구조로 진화한다.

콤팩트-네트워크 도시는 절대 추상적인 개념이 아니다. 전 세계의 선도 도시들은 연결의 방식을 재설계함으로써, 압축이 만든 부담을 완화하고 도시권 전체의 회복력을 키워왔다. 이들이 선택한 해법은 더 빠른 속도가 아니라, 속도와 결절, 일상과 생태, 데이터가 어떻게 이어지는지를 다시 짜는 연결의 방식이다.

연결을 바꾼 5가지 요인
- Compact-Network Urbanity의 구조

① 속도 연결 - 시간을 압축한 네트워크

고속철도·GTX·공항은 도시 간 거리를 '공간'이 아니라 '시간'으로 재편한다. 도시는 떨어져 있어도 하나의 생활권으로 인식된다.

② 결절 연결 - Urban Core의 강화

교통과 업무, 문화와 주거가 만나는 핵심 결절점은 도시권 전체의 중심지가 된다.

③ 생활 연결 - 일상의 동선 재구성

보행, 자전거, 대중교통이 끊기지 않게 이어지며 압축된 도시 안에서도 피로가 누적되지 않는 생활의 리듬을 만든다.

④ 생태 연결 - 바람·물·녹지의 회복

하천과 공원, 녹지축이 연결되며 고밀 도시 내부에 순환과 완충의 공간이 생긴다.

⑤ 데이터 연결 - AI가 조율하는 도시 혈류

교통과 에너지, 기후, 이동 데이터를 AI가 통합 분석해 막힘은 풀고, 과부하는 분산시키며 도시 전체의 흐름을 균형 있게 관리한다.

※ 이 다섯 가지 연결이 동시에 맞물릴 때, 도시는 단일 도시를 넘어 '메가리전'이라는 초광역 생태계로 진화할 수 있다.

메가리전 – 기능과 속도가 만든 초광역 도시 생태계

오늘날 도시는 하나의 행정 경계 안에 머무르지 않는다. 이동의 속도가 빨라지고 연결의 밀도가 높아지면서, 서로 떨어진 도시들은 경쟁하거나 병합되는 대신 하나의 네트워크로 묶이기 시작한다. 이 과정에서 도시는 기능과 역할을 나누고, 생활·산업·교통·인프라를 공유하며 하나의 확장된 체계를 이룬다. 이처럼 여러 도시가 느슨하지만, 유기적으로 연결된 초광역 공간 구조를 '메가리전(megaregion)'이라고 부른다.

메가리전은 도시의 확장이 아니라, 도시 간 관계의 재편이다. 이 안에서 각 도시는 사라지지 않는다. 오히려 각 도시는 자신이 가장 잘하는 기능을 중심으로 더 분명한 역할을 맡는다. 서울은 금융과 문화, 정치의 중심으로, 대전은 과학기술과 연구개발, 행정의 거점으로, 대구는 의료와 제조, 신산업의 도시로, 부산은 해운과 물류, 국제교역의 관문으로 자리 잡아왔다.

도시의 기능은 서로 다르지만, 속도와 네트워크는 이 결절들을 하나로 묶는다. 기능이 연결되는 순간, 도시권은 개별 도시의 집합을 넘어 하나의 초광역 도시 생태계로 전환된다. 고속철도(KTX·SRT)와 GTX, 항만과 공항, 광역도로망은 도시 사이의 거리를 단축시키고, 각 도시의 역할을 분리하지 않은 채 하나의 시스템 안에서 상호 보완적으로 움직인다. 이러한 구조 속에서 서울의 금융과 문화는 대전의 과학기술과 연결되고, 대구의 산업과 혁신은 부산의 물류와 국제교역과 맞물린다. 각 도시는 독립적으로 성장하는 동시에, 서로의 기능을 확장하는 연결된 단위가 된다. 대한민국의 서울에서 부산으로 이어지는 경부축은 이러한 메가리전 구조가 분명하게 드러난 사례다. 세계적 도시학자 리처드 플로리다는 전 세계 40대 메가리전 가운데 이 축을 13번째로 평가하기도 했다.

사진 23의 야간 위성사진에서 보이는 빛의 흐름은 국가와 도시의 경계보다, 실제 인간의 이동과 경제 활동이 어디까지 이어지는지를 더 정확하게 보여준다. 동아시아에서는 세 개의 거대한 메가리전이 뚜렷하게 나타나며, 이들은 이미 하나의 초광역 도시 생태계로 작동하고 있다.

일본의 도카이도축, 한국의 경부축, 중국 남부 연해를 따라 형성된 초광역 도시권이 빛의 흐름으로 드러난다. 행정 경계보다 훨씬 선명하게, 실제 도시의 연결 상태와 생활권의 범위가 시각화된다.

1. 도쿄-나고야-오사카 메가리전

일본 경제 활동의 약 70%가 집적된 초광역 도시권이다. 신칸센이 이 도시들을 하나의 생활·경제 시스템으로 묶은 대표적 사례다.

2. 광저우-선전-홍콩 메가리전(GBA)

금융(홍콩), 혁신·제조(선전), 물류(광저우)가 항만·공항·고속철도로 연결된 중국 남부의 거대 도시 생태계다. 아시아에서 가장 역동적인 메가리전 중 하나다.

3. 서울-대전-대구-부산 경부축 메가리전

서울의 금융·문화, 대전의 행정·과학, 대구의 혁신 제조·의료, 부산의 해운·국제교역 기능이 고속철도와 공항, 항만, 도로망으로 이어지며 전 국토를 하나의 초광역 도시권으로 연결한다. 플로리다가 이 축을 세계 13위 메가리전으로 평가한 이유도 바로 이 기능의 분화와 속도 기반 연결 구조에 있다.

메가리전은 행정구역으로 정의되는 공간이 아니다. 사람과 기능이 실제로 오가고, 이동의 속도가 그 연결을 일상으로 만들 때, 여러 도시는 하나의 도시권으로 묶인다. 따라서 메가리전을 가르는 기준은 '어디까지가 어느 도시인가?'가 아니라, 사람과 기능이 어디에서 어디로 이어지고 있는가에 있다. 이렇게 형성된 메가리전은 오늘날 도시 경쟁력이 펼쳐지는 가장 큰 무대이며, 도시의 결이 결절로 응축되고, 그 결절들이 다시 연결되며 완성되는 도시 확장의 최종 구조다.

AI가 만든 도시 혈류 시스템

도시가 고도화될수록, 연결은 도로와 철도만으로 설명되지 않는다. 도시 안에는 여러 이동 체계가 동시에 움직이며 서로 얽혀 있기 때문이다.

TOD(대중교통 중심 개발), MaaS(통합 이동 서비스), 개인 모빌리티와 자전거, UAM(도심 항공교통)까지 다양한 이동 체계가 도시 안에서 겹겹이 퍼지며, 연결의 구조는 점점 복잡해지고 있다. 이 복합적인 흐름을 하나의 질서로 읽어내는 도구가 바로 AI다.

AI는 도시 곳곳에서 발생하는 이동과 체류의 변화를 동시에 읽어낸다. 유동 인구와 환승 밀도, 보행 흐름은 물론이고, 기온과 바람, 미세먼지 같은 환경 조건, 상업과 산업의 수요, 치안 패턴, 교통약자의 이동까지 조율한다. 이렇게 축적된 정보는 도시 전체의 연결 상태를 판단하는 기준이 된다.

AI의 역할은 흐름을 더 빠르게 만드는 데 그치지 않는다. 막힌 곳은 풀고, 과도하게 몰린 곳은 나누며, 비어 있는 공간에는 새로운 기능을 부여한다. 연결의 방향과 밀도를 조정해, 도시가 스스로 부담을 분산하도록 돕는 것, 그것이 AI가 개입하는 방식이다.

이렇게 결절과 결절이 끊이지 않고 이어질 때, 도시의 에너지는 한 지점에 머물지 않고 흐른다. 교통과 사람, 활동과 기능이 도시권 전체로 나뉘어 움직이면, 특정 지역에 과도하게 쌓였던 압축의 부담은 풀리고 각 결절은 자기 기능에 맞게 회복된다. 이 순간 도시는 혈관을 가진 사람의 몸처럼 균형을 유지하기 시작한다.

다음 챕터에서는 바람과 물, 사람과 데이터가 하나의 흐름으로 되돌아오는 도시, 도시의 마지막 결(結) - 순환의 도시를 살펴본다.

삶도 도시도
순환이 필요하다

콤팩트시티는 현대 도시가 선택한 가장 현실적인 해법이다.

더 이상 확장할 수 없는 도시가 스스로를 유지하기 위해 택한 진화의 방식이며, 탄소 감축과 대중교통 중심의 구조, 노후 도심 재생이 맞물리는 시대의 필연이기도 하다.

그러나 도시의 밀도가 높아질수록 도시는 새로운 한계에 직면한다. 압축은 공간의 효율을 높이지만, 공기와 물, 바람과 열처럼 도시를 살아 있게 만드는 순환의 힘은 약해진다.

초고층 건물이 병풍처럼 늘어서면 바람길은 막히고, 지하 공간이 과도하게 확장되면 대지는 온기와 수분을 잃는다. 산을 깎아 평지를 만드

고밀도의 도시는 효율을 높이지만, 흐름은 막히고 피로가 쌓인다. 문제는 압축이 아니라, 압축된 도시를 어떻게 숨 쉬게 할 것인가다.

는 개발은 지형의 맥을 끊고, 도시를 지탱하던 자연의 흐름을 단절시킨다. 전통의 언어로 표현하면, 이는 하늘과 땅, 사람의 기운이 서로 통하지 못하는 '막힘의 도시'다.

도시기후학 역시 같은 경고를 보낸다. 공기 흐름이 정체되면 열섬은 커지고, 토양이 단열될수록 냉각과 증발, 완충이라는 자연의 호흡은 약해진다. 밀도가 높아질수록 도시는 스스로 숨 쉬기 어려운 '밀도의 피로 상태'에 빠져든다.

그렇다고 압축을 포기할 수는 없다. 압축도시는 여전히 AI 시대 도시가 선택해야 할 중요한 전략이기 때문이다. 문제는 압축 자체가 아니라, 압축된 도시 안에서 생명의 흐름을 어떻게 되살릴 것인가에 있다. 이 질문에 답하지 못한 도시는 아무리 효율적이라고 해도 결국 스스로를 소모하게 될 것이다.

압축은 도시의 힘을 모으고, 연결은 그 힘을 확장시킨다. 그러나 확장된 힘이 축적되지 못하고 순환으로 이어지지 않는다면, 도시는 지속되기 힘들다. 도시를 지속 가능하게 하는 것은 연결되고 순환되는 힘이다.

여기서 다루고자 하는 것은 도시라는 '구조물의 집합' 자체가 아니다. 우리가 주목하는 것은 도시를 실제로 움직이게 하는 힘, 바람과 물, 사람과 활동의 흐름이다.

생태 네트워크 - 순환을 설계하는 도시의 방법

압축된 도시는 열과 물, 공기와 에너지가 쉽게 정체된다. 도시를 다시 살린다는 것은 이 막힌 흐름을 풀어 자연의 순환이 도시 안에서 다시 이어지게 만드는 일이다. 이러한 순환을 의도적으로 설계하는 방식, 그것이 바로 생태 네트워크다.

생태 네트워크는 산과 강, 하천과 계곡, 공원과 녹지, 수변 공간을 끊기지 않도록 이어 만든 도시의 숨길이다. 자연을 파편화하는 것이 아니라, 바람과 물이 오가도록 그 파편들을 연결하는 것이다.

산과 숲은 공기와 수분이 시작되는 거점이 되고, 하천과 수변은 바람과 물이 도시로 스며드는 통로가 된다. 이 통로를 통해, 바람은 열을 식히고 물은 홍수와 폭우를 흡수하며 도시는 스스로 균형을 회복하기 시작한다.

그래서 생태 네트워크는 단순한 경관 계획이 아니다. 열섬을 완화하고, 재난을 흡수하며, 기후와 생활을 동시에 안정시키는 도시 순환의 기반이기 때문이다.

도시의 순환을 완성하기 위해서는 바람길과 물길에 더해 사람길이 필요하다. 사람길은 보행과 자전거, 대중교통과 일상의 이동이 자연의 흐름과 충돌하지 않고 이어지게 만든다. 바람과 물이 도시의 몸을 살린다면, 사람길은 그 순환을 일상에서 완성한다.

순환의 도시는 하나의 방식으로 만들어지지 않는다. 어떤 도시는 자연을 통해 흐름을 보존하며 발전했고, 어떤 도시는 무너진 흐름을 설계를 통해 되살렸으며, 또 어떤 도시는 AI를 활용해 이 모든 흐름을 동시에 조율하기 시작했다.

도쿄 풍해지구 - 초고밀 도시, 바람을 되찾다

도쿄의 도심에서는 한때 일상을 식혀주던 바람의 순환이 사라졌다. 1970~1990년대 급격한 고층화는 도심 곳곳의 바람길을 차단했고, 골목과 거리에는 순환 대신 불규칙한 빌딩풍만이 발생하며 보행 안전 문제가 반복되었다. 외벽에 축적된 열은 도심의 열섬을 증폭시켰고, 도시는 스스로 열을 식히지 못하는 상태로 변해갔다.

사진 25. 도쿄 풍해지구

해안에서 유입되는 바람을 도심 깊숙이 끌어들이기 위해 건물의 높이와 간격, 방향을 조정한 바람관리형 도시계획 사례다.

이 위기에 대응해 도쿄도는 1992년, '풍해지구(風害地区)'를 지정했다. 이는 바람의 순환 문제를 개별 건물의 문제가 아니라, 도시 전체가 함께 풀어야 할 과제로 설정한 선언이었으며, 바람의 변화를 도시계획의 핵심 변수로 끌어올리겠다는 도쿄의 선택이었다.

풍해지구 지정 후, 도쿄는 바람이 흐르는 공간 형태부터 바꾸었다. 주요 바람길 주변의 건물은 계단식으로 낮아졌고, 저층부는 개방되어 그동안 막혀 있던 기류가 다시 통과하도록 조정되었다. 도로의 너비와 블록 간 간격 역시 계절별 풍향과 풍속을 고려해 재설계되었으며, 공원과 광장은 바람이 유입되고 분산되는 지점에 의도적으로 배치되었다.

이 공간 변화는 직관에 의존한 결과가 아니었다. 기상 관측으로 계절별 풍향과 해풍 흐름을 분석하고, 하천과 가로, 공공 공간을 바람의 통로로 설정했다. 대규모 개발에서는 풍동 실험과 수치 해석으로 사전 검증을 했다. 바람길은 데이터와 규칙으로 관리되는 도시 구조로 변했다.

이러한 분석은 2010년대 이후 AI 기반 CFD 시뮬레이션의 도입으로 한 단계 더 정교해졌다. 이때부터 어느 건물이 바람을 막는지, 어느 골목에서 열과 기류가 정체되는지를 설계 단계에서 예측하게 되었다.

이 과정을 통해 도쿄 풍해지구가 보여주는 교훈은 분명하다. 압축 자체가 도시를 병들게 하는 것이 아니라, 그 안에서 흐름을 어떻게 설계하느냐가 도시의 상태를 결정한다는 사실이다.

AI 도시, 자연을 닮다

쿠리치바 – AI 도시가 배워야 할 '순환 도시의 원형'

브라질의 쿠리치바는 AI로 설계된 도시는 아니다. 그러나 오늘날 AI 도시가 지향하는 '순환'의 구조를, AI가 등장하기 이전에 이미 도시계획 만으로 구현해낸 도시다. 쿠리치바는 반복적인 홍수 피해에 대응하면서 하천 주변을 제방과 콘크리트로 더 단단히 봉쇄하는 길을 선택하지 않았다. 대신 하천의 범람을 전제로, 그 주변을 공원과 호수, 습지로 전환해 물이 흐르고 머무를 수 있는 공간으로 다시 설계했다. 물을 밀어내는 대신, 도시 안으로 받아들여 활용하는 방식을 활용한 것이다.

그 결과 물길은 폭우를 흡수하며 도심의 열을 낮추는 역할을 했고, 연결된 녹지와 선형공원은 끊어졌던 바람과 사람의 이동을 함께 회복시켰다. 자연의 흐름을 다시 잇자, 도시는 스스로 균형을 되찾기 시작했다.

쿠리치바의 사례는 우리에게 분명한 메시지를 전한다. 도시는 자연을 통제할수록 취약해지고, 협력할수록 회복력을 갖게 된다는 것이다. 이 원리는 기술 이전의 시대에도 유효했으며, AI 시대에는 더 정밀하게 확장될 수 있는 토대가 된다. 오늘날 AI는 쿠리치바가 계획과 직관으로 만들어낸 이 순환의 구조를, 데이터와 시뮬레이션을 통해 도시 전반에서 정교하게 실현하고 있다. 그래서 쿠리치바는 과거의 생태 도시가 아니라, 미래 AI 도시가 참고해야 할 '순환 도시의 원형(Archetype)'이라고 할 수 있다.

이 사례는 제방과 도로, 아파트로 둘러싸인 서울의 한강이 어디서부터 다시 순환을 회복해야 하는지를 생각하게 한다. 그리고 그 순환을 AI의 계산과 예측으로 정밀하게 완성해가고 있는 도시가 바로 싱가포르 마리나베이다.

AI, 막힌 도시의 숨길을 열다 - 싱가포르 마리나베이

초고층, 초밀도로 압축된 도시는 외형보다 내부 작동 체계가 흔들리기 쉽다. 바람이 막히고, 열이 갇히며, 보행과 교통 흐름이 틀어지면 겉으로는 멀쩡해 보여도 도시 내부 시스템에 피로가 누적되기 때문이다.

AI가 주목받는 이유는 여기에 있다. AI는 도시를 구조물이 아닌 살아 있는 시스템으로 본다. 그래서 공기와 열, 밀도의 변화를 함께 살펴 어디에서 흐름이 끊기고, 어디에서 순환이 멈추는지를 읽어낼 수 있다.

싱가포르 마리나베이는 이러한 AI의 역할을 가장 분명하게 보여주는 사례다. 이 도시는 개발 초기부터 기류와 열, 빛, 녹지와 수변, 보행의 흐름을 분리하지 않고 하나의 체계로 묶어 분석했다. 건물과 공원의 배치, 수변 공간의 깊이까지 도시를 구성하는 거의 모든 결정은 AI 기반 디지털 트윈 시뮬레이션을 통해 반복적으로 검토하고 조율한 것이다.

마리나베이 일대는 고층 스카이라인이 밀집한 전형적인 고밀 도시다. 그럼에도 이곳을 걷는 사람들은 이 공간에서 답답함을 느끼지 않는다.

AI가 바람과 열의 흐름을 조율해 도시의 '결'을 복원한 대표 사례다.

도시 깊숙이 스며드는 해풍의 길이 열려 있고, 건물 사이에서 생기는 풍하류와 열이 머무는 지점들이 미리 파악되어 조정되고 있기 때문이다. 이 모든 것은 AI가 데이터를 통해 시각화하고 설계한 결과다.

마리나베이의 건물은 바람을 막는 장벽이 아니라, 바람과 빛을 도시 내부로 안내하는 구조물이며, 녹지와 수변 역시 단순한 경관 요소가 아니라, 열을 흡수하고 바람길을 열어주는 도시의 순환 장치로 기능한다.

마리나베이에서 AI는 단순한 운영 기술이 아니다. 도시 공간 사이의 흐름을 읽고, 막힌 곳을 풀어 도시를 회복시키는 정교한 조율자로 작동하고 있다.

상하이 - 압축을 극복하고 회복을 모색하는 도시

상하이는 초고층 압축을 누구보다 먼저 경험한 도시였다. 황푸강 일대의 고밀 개발은 화려한 스카이라인을 만들었지만, 그 이면에는 막힌 바람길과 지하 확장으로 인한 토양의 단절이라는 문제가 발생했다.

상하이는 그 문제점을 정확히 인식하고, 스스로 회복의 방향을 찾아가기 시작했다. 황푸강 수변의 옛 공업지대를 철거하고, 강변 전체를 공원과 녹지, 보행로로 재편한 것이다. 이는 초고층 중심의 압축도시가 스스로 숨 쉴 공간을 되찾기 위한 전환이었다.

강변이 열리자 도시는 바람과 물, 보행과 녹지가 다시 연결되기 시작했다. 이 수변 완충축은 도시의 열과 공기 흐름을 조절하는 새로운 생명선이 되었고, 압축으로 끊어졌던 순환을 도시 내부로 다시 끌어들였다.

상하이는 압축의 도시가 축소가 아니라 전환을 통해 자연의 흐름을 회복할 수 있음을 보여준다. 이 사례는 초고밀 도시가 다음 단계로 나아가기 위해 무엇을 되돌려야 하는지를 분명하게 말해준다.

AI 도시, 자연을 닮다

AI가 조율하는 순환의 도시

압축은 도시를 만들었고, 연결은 도시를 움직였다. 여기에 하나의 조건이 더해질 때, 도시는 비로소 살아난다. 그 조건이 바로 순환이다.

순환은 도시의 열을 식히고, 물이 머물고 빠져나갈 길을 만들며, 사람들이 편안히 머물고 이동할 수 있는 환경을 유지하는 힘이다. 이 흐름이 멈추는 순간, 도시는 병들기 시작한다.

AI 시대에 순환은 압축이나 연결보다 더 중요한 요소다. AI는 열과 바람, 물과 이동, 사람과 에너지의 흐름을 동시에 읽고, 막힌 지점을 찾아 도시가 다시 숨 쉴 수 있도록 제안한다. 전통 풍수가 기(氣)의 흐름을 감각으로 읽어냈다면, AI는 그 흐름을 데이터로 시각화하고 설계로 구현한다. 도시의 맥을 끊지 않고, 막힌 숨길을 다시 여는 조율자, 그것이 순환의 단계에서 AI가 맡는 역할이다.

더 많은 개발이나 더 높은 건물만으로 도시는 살아나지 않는다. 이미 압축된 도시일수록 중요한 것은 끊어진 흐름을 잇고, 막힌 숨길을 열어 자연과 기술이 함께 움직이게 만드는 순환의 질서다. 그 질서가 회복될 때, 도시는 다시 힘을 얻는다.

AI는 그 순환을 읽고, 자연은 그 길을 열어주면, 도시는 그 속에서 다시 호흡하기 시작할 것이다.

응어리를 풀어야
중심지가 살아난다

'도시는 조화로울 때 생기를 얻고, 균형이 깨지면 기운은 흩어진다.'

풍수의 오래된 문장은 오늘의 도시에도 그대로 적용된다. 압축이 에너지를 만들고, 연결이 그 에너지를 퍼뜨리더라도, 두 요소가 조화를 이루지 못하면 도시는 생명력을 잃게 될 것이기 때문이다.

그래서, AI 도시가 도달해야 할 최종 목적지는 바로 조화다. 조화란 부드러움이나 외관의 아름다움이 아니라, 서로 다른 원리가 충돌하지 않고, 하나의 운영 질서에 따라 서로 잘 맞물리는 상태를 말한다.

도시의 흐름은 결국 한 지점에서 만난다 - AI 생기지도

도시의 바람과 물, 보행과 교통, 열과 데이터는 각자 따로 움직이는 것처럼 보인다. 그러나 실제로는 한 도시 안에서 끊임없이 서로 영향을 주고받는다.

어디선가 이 흐름이 겹치거나 막히게 되면, 과열과 정체, 소음과 불편이 동시에 나타나게 된다. 이 복잡한 관계를 한 화면에서 동시에 보여주는 도구가 'AI 생기지도(Feng-Flow Map)'다.

AI 생기지도는 바람과 열, 물과 빛 같은 환경의 흐름 위에 보행과 체류, 교통과 에너지 같은 인간 활동을 겹쳐 보여준다. 그 결과 도시는 어디에서 숨 쉬고, 어디에서 막히며, 어디에서 에너지가 살아나고 소모되는지가 해부도처럼 드러난다.

AI 생기지도는 단순한 관찰도구가 아니다. 생기지도를 통해 어디에서 바람이 막히고 열이 쌓이는지, 사람들이 왜 특정 공간에 머무르지 않는지, 에너지가 왜 특정 지점에서 과도하게 소모되는지를 도시 운영의 판단 근거로 활용한다. 그 결과 생기지도는 건물의 높이와 배치, 공공 공간의 위치, 보행과 교통의 동선, 나아가 에너지와 환경 관리의 우선순위까지 조정하도록 이끈다. 전통 풍수가 감각으로 읽어내던 흐름을, AI는 데이터로 드러내고 공간과 운영을 함께 조율하는 단계로 확장한 것이다.

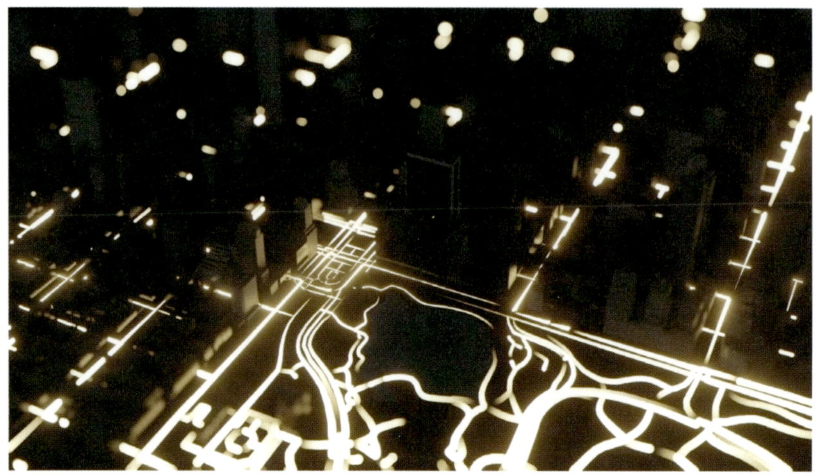

도시의 바람·열·교통·에너지 흐름을 시각화한 개념 이미지. AI가 도시의 보이지 않는 숨길과 막힌 흐름을 조율하는 도시 운영 방식이다.

1. 첫 번째 사례, MIT 도시 흐름 연구 - 도시의 맥박을 읽다

이러한 개념의 출발점은 MIT의 도시 흐름 연구에서 확인된다. MIT 연구팀은 교통, 보행, 기류, 휴대폰의 신호, 열 데이터를 동시에 분석해 도시 전체를 하나의 유기체처럼 해석했다.

이 연구는 도시가 단순한 구조물이 아니라 여러 가지 흐름이 겹쳐 작동하는 생명 시스템임을 보여주었다. 어디가 가장 뜨겁고, 어디에서 바람이 통하며, 사람들이 어디에 머무르고, 에너지가 어디에 집중되는지가 하나의 지도 위에 드러난 것이다.

AI 도시, 자연을 닮다

　MIT는 이를, ‘도시는 생명체이며, 그 숨결과 움직임은 기술로 읽어낼수 있다’라고 표현했다. AI 생기지도는 이 철학을 도시 운영의 언어로 옮긴 결과라고 할 수 있다.

2. 두 번째 사례, 런던 킹스크로스 - 막힘을 조화로 바꾸다

　AI 생기지도가 실제 도시에서 어떻게 활용되는지는 런던 킹스크로스 재생 사례가 잘 보여준다. 킹스크로스는 오랫동안 정체와 소음, 복잡성이 겹쳐진 대표적인 도시의 병목지였다.

　런던시는 디지털 트윈과 AI 분석을 통해 이 지역의 빛과 바람, 열, 보행과 소음의 흐름을 동시에 읽어냈다. 분석 과정에서 바람길을 가로막는 건물, 빛이 닿지 않아 사람들이 머물지 않던 광장, 이동 동선이 충돌하던 골목이 구체적으로 확인되었다.

　기류 시뮬레이션 결과를 바탕으로, 신축과 재개발 건물의 경우는 설계 단계부터 높이와 배치, 방향이 사전에 조정되었다. 광장은 바람과 빛이 자연스럽게 교차하는 방향으로 열렸고, 사람들의 이동과 체류 역시 서로 충돌하지 않도록 재구성되었다. 그 결과 킹스크로스는 첨단 기술과 예술, 상업과 생활이 충돌하지 않는 조화의 도시로 전환될 수 있었다. 이 사례는 AI 생기지도가 단순한 시각화가 아니라, 도시를 조화롭게 만드는 계획과 운영의 도구임을 보여준다.

조화의 도시에서 시간의 도시로

도시의 생명은 조화에서 온다. 도시는 압축에서 시작되고, 연결을 통해 확장되며, 순환 속에서 다시 호흡을 되찾는다. 이 세 가지 흐름이 서로 어긋나지 않고 하나로 맞물릴 때, 도시는 비로소 구조물을 넘어 살아 있는 생명체가 된다.

과거의 도시는 경험과 직관으로 만들어졌다면, 오늘의 도시는 데이터로 읽히고 조율된다. AI는 도시의 움직임을 데이터로 해석하고, 자연은 그 위에 온기와 리듬을 더한다. 이 둘이 조화를 이룰 때, 도시에 축적된 밀도와 관계, 그리고 흐름은 하나의 도시 질서로 통합된다.

그 순간 도시는 효율을 쌓아 올린 구조물이 아니라, 스스로 균형을 회복하는 생명 시스템으로 진화한다.

그러나 도시의 생명은 공간에만 머물지 않는다. 도시는 계절과 시대, 기술과 문명이 교차하는 시간 속에서 열리기도 하고, 닫히기도 하며, 성장과 쇠퇴, 팽창과 수축을 반복하며 저마다의 속도로 나이를 먹는다. 공간의 조화를 넘어, 이제 도시는 시간을 이해해야 한다. 도시의 성장은 공간에 새겨지지만, 도시의 운명은 시간 속에서 완성되기 때문이다.

한옥과 빌딩이 겹친 풍경은, 도시가 공간이 아니라 시간 위에서 변화해왔음을 보여준다.

　다음 장에서는 도시가 시간 속에서 어떻게 살아가고, 쇠퇴하며, 다시 깨어나는지, 그리고 AI가 그 시간의 흐름을 어떻게 읽어내는지를 살펴본다.

느린 삶과 빠른 AI의 시간

– AI가 바꾸는 삶의 속도

나는 고향에 대한 기억이 없다.

과수원 앞에서 커다란 사과 하나를 들고 웃고 있는,

어린 시절 내 사진을 보고도 나는 그때의 기억을 떠올리지 못한다.

그 기억들은 거대 도시 서울과의 첫 대면에서 지워진 듯하다.

그리고 지나치게 빠르게 돌아가는 도시의 시계는

그 잃어버린 기억을 되찾을 틈도 주지 않은 채

어느새 나를 인생의 후반부에 서 있게 만들었다.

시간이 흐른 것이 아니라, 시간에 떠밀려 온 느낌이다.

도시도 다르지 않다.

우리는 오랫동안 도시를 '공간'으로 이해해왔지만,

도시의 방향을 바꾸어온 힘은 언제나 '시간'이었다.

철도는 도시 간의 시간을 압축하며 중심과 주변을 다시 나누었고,

고속도로는 생활권의 시간을 재구성했다.

기술은 공간보다 먼저 '시간의 질서'를 흔들고 바꾸어왔다.

지금 우리는 다시 한번,

도시의 흐름과 기울기가 변하는 거대한 변곡점에 서 있다.

AI는 공간을 재배열하기에 앞서 도시의 시간을 다시 조율하고 있다.

예측과 학습, 의사결정의 속도가 인간이 감당해온 수준을 넘어서는 순간,

도시는 더 이상 '어디에 있는가?'만으로 설명될 수 없는 존재가 된다.

인간의 시간은 세대(Generation)로 흐르고,
도시의 시간은 생명주기(Lifecycle)로 움직인다.
그러나, AI의 시간은 그보다 훨씬 빠르게 축적되고 확장된다.
데이터가 쌓이는 속도만큼 도시의 미래도 매 순간 다시 계산된다.

이 장에서 우리는 이 서로 다른 시간이 어디에서 충돌하고,
어떻게 조율되며, 결국 어떤 '회복의 시간'을 만들어내는지 살펴보려 한다.

결국 우리가 던져야 할 질문은 단순하다.

도시는 지금 어떤 시간 위에 서 있는가?
그리고 그 시간은 앞으로 어디로 흐를 것인가?

기후 위기 앞에 무력한
도시의 시간

<u>도시는 시간 위에서 성장한다</u>

도시는 살아 있는 생명체와도 같다. 사람이나 기업처럼 도시도 태어나고, 자라며, 성숙하고, 쇠퇴하는 생명주기를 갖는 '시간적 존재'다.

차이가 있다면, 도시의 시간은 인간의 시간보다 훨씬 길고 느리다는 점이다. 재난이나 전쟁 같은 극단적 충격이 없는 한, 도시는 쉽게 사라지지 않으며 쇠퇴의 국면에서도 다음을 준비할 여유를 지닌다.

우리가 종종 도시의 변화를 '느리다'라고 느끼는 이유도 여기에 있다. 도시의 시간은 1년이나 2년이 아니라, 10년 혹은, 20년 단위로 움직인다. 그러나 시선을 조금만 멀리 두고 보면, 도시는 분명 시간의 흐름에

AI 도시, 자연을 닮다

따라 성장하고 흔들리고 다시 방향을 틀면서 계속해서 발전해온 존재임을 알 수 있다.

쇠퇴하는 도시와 살아나는 도시

많은 도시는 산업의 구조가 바뀌면 쇠퇴를 경험한다. 항구의 기능이 약해지면 항만 도시는 힘을 잃고, 공장이 가동을 멈추면 공업 도시는 활기를 잃는다.

우리는 흔히 이를 공간이 가진 한계로 설명한다. 입지가 나쁘거나, 도시 구조가 낡았기 때문에 쇠퇴가 불가피해졌다는 해석이다. 그러나 이 설명만으로는, 같은 조건에서도 다시 살아나는 도시의 차이를 충분히 설명하기 어렵다.

문제는 '공간의 한계'라는 말이 도시의 상태를 묘사할 뿐, 변화의 원인을 설명하지는 못한다는 데 있다. 같은 입지와 기반 시설을 가진 도시라도 어떤 곳은 쇠퇴하고, 어떤 곳은 다시 살아난다. 차이는 공간 그 자체가 아니라, 그 도시가 여전히 과거의 역할과 시간에 묶여 있는지, 아니면 새로운 시대의 요구를 받아들일 준비가 되어 있는지에 있다.

도시의 운명을 가르는 결정적 요인은 공간이 아니라 시간에 대한 선택이다. 쇠퇴의 순간에 머무를 것인가, 아니면 다음 시대를 향한 시간을 열 것인가 하는 문제다. 성숙기의 끝에서 다음 국면을 준비하는 혁신이 있다면, 도시는 같은 공간 위에서도 다시 살아날 수 있다.

영국의 맨체스터는 이를 보여주는 상징적인 도시다. 산업혁명기 '세계의 공장'이었던 이 도시는 1970~1980년대 탈산업화와 함께 급격한 쇠퇴기에 들어섰다. 공장들이 문을 닫고 사람들은 떠나면서, '사라지는 도시'로 불렸다.

그러나 이 도시는 쇠퇴를 끝으로 받아들이지 않았다. 버려진 공장지대를 문화와 디지털 산업의 기반으로 전환하며, 자신의 생명주기를 다시 상승 국면으로 돌려놓았다. 맨체스터가 살아난 이유는 공간의 구조를 바꾸어서가 아니라, 쇠퇴 이후의 다음 시간을 선택했기 때문이다.

도시는 공간에 반응하는 존재가 아니다. 도시는 언제나 시간에 반응하며 변화해왔다. 쇠퇴는 도시의 종말이 아니라, 다음 국면으로 넘어가기 직전의 신호라고 인식해야 한다.

어떤 도시는 성숙기 이후 쇠퇴로 미끄러지고, 어떤 도시는 쇠퇴 속에서도 다시 일어선다. 그 차이는 공간의 배치로 설명되지 않는다. 도시의 생명은 언제나 시간의 질서 속에서 다시 쓰여 왔다.

그리고 지금, 이 느린 도시의 시간 앞에 전혀 다른 속도의 시간이 모습을 드러내고 있다. 바로 기술의 시간이다. AI는 도시의 공간을 바꾸기보다, 도시가 반응하는 시간을 앞당기기 시작했다.

다음 챕터에서는 이 빠른 시간이 느린 도시의 시간과 어떻게 만나고, 어디에서 충돌하며, 또 어떤 새로운 균형을 만들어내는지를 살펴본다.

5장. 느린 삶과 빠른 AI의 시간 – AI가 바꾸는 삶의 속도

AI는 데이터를 실시간으로 흡수하며 도시의 미래를 앞당긴다. 이 가속된 시간은 인간과 도시가 미처 감지하지 못한 변화를 먼저 포착한다.

미래를 재편하는
AI의 시간

느린 도시의 시간이 만든 재난

독일 서부 라인란트팔츠 주를 흐르는 아르강은 라인강의 지류다. 폭이 넓지 않은 강이 깊게 파인 계곡을 따라 흐르며, 그 주변으로 이어진 소도시들은 와인의 산지로 알려진 평온한 관광지였다. 이 지역은 강폭은 좁고 계곡은 깊어, 홍수 시 물이 넘치면 에너지가 한곳으로 몰리며 속도가 급격히 빨라지는, 재난에 취약한 공간이었다.

2021년 7월, 서유럽에 장기간 머문 저기압은 짧은 시간에 한 달 분량에 가까운 폭우를 쏟아냈다. 강은 감당할 틈도 없이 범람했고, 밤사이 도로와 주거지, 마을 전체가 물에 잠겼다. 이 홍수로 180명 이상이 목숨을 잃었다. 독일 현대사에서 가장 큰 재난 중 하나로 기록된 사건이었다.

이 장면은 순식간에 닥친 재난의 상황에서 도시가 어떻게 대응해야 하는지에 대한 질문을 던지고 있다.

이 지역이 홍수에 취약하다는 사실은 오래전부터 알려져 있었다. 그래서 이 참사를 단순히 지형이나 자연재해의 탓으로만 돌릴 수 없다는 반성이 뒤따랐다. 문제의 본질은 폭우 그 자체가 아니라, 재난의 신호를 감지하고 대응하는 도시의 시간이 자연의 속도를 따라가지 못했다는 데 있었다.

폭우로 인한 계곡 수위 상승은 초·분 단위로 진행되었지만, 경보가 전달되고 대피가 이루어지며 도시가 집단적으로 움직이기까지는 훨씬 더 긴 시간이 필요했기 때문이다. 자연의 변화는 이미 임계점을 넘어섰는데, 도시는 반응하지 못한 것이다. 이 사고는 재난의 크기보다, 도시의 시간이 재난의 속도에 뒤처질 때 어떤 결과가 발생하는지를 드러낸

사건이었다.

이후 이 참사는 도시가 가진 시간의 구조를 다시 묻는 계기가 되었다. 재난 대응은 시설의 문제가 아니라, 변화의 속도를 얼마나 빠르게 감지하고 대응할 수 있는가 하는 시간의 문제로 인식되기 시작했다.

도시는 본래 느리게 움직이도록 설계된 존재다. 하수관 하나를 바꾸는 데 수년이 걸리고, 교통망과 도시 구조를 바꾸는 데는 한 세대의 시간이 필요하다. 이 느림은 도시의 약점이라기보다, 안정과 지속성을 가능하게 해온 조건이었다. 문제는 재난의 시간이 달라졌다는 점이다. 기후 위기 이후 재난은 더 자주, 더 빠르게 도시를 덮친다. 폭우는 몇 시간 만에 도시를 잠기게 하고, 폭염은 며칠 만에 전력망과 의료 체계의 붕괴를 압박하고 있으며, 산불은 바람 한 번에 행정 경계를 넘어선다.

이제 도시는 느린 구조의 시간과 빠르게 앞당겨진 재난의 시간 사이에 놓여 있다. 이 두 시간이 충돌하는 지점에서, 도시는 반복해서 무너질 수 있다.

문제는 분명해졌다. 도시가 물리적으로 더 빨라질 수 없다면, 이 시간의 간극을 조율할 또 하나의 시간층이 필요하다. 그 역할을 맡는 것이 AI다.

세 가지 시간 - 인간, 도시, 재난

재난 앞에서 인간이 느끼는 혼란은 인간과 도시, 자연 등 서로 다른 속도의 시간이 하나의 공간에서 충돌하기 때문이다.

인간의 시간은 경험의 시간이다. 변화는 서서히 축적되고, 위험은 반복을 통해 인식된다. 한두 번의 이상 현상만으로 삶의 방식을 쉽게 바꾸지는 않는다.

도시의 시간은 구조의 시간이다. 도로와 하수관, 전력망과 주거지는 수십 년 단위로 설계되고 유지된다. 도시는 본질적으로 느리게 움직이도록 만들어진 존재다.

재난의 시간은 이 두 시간과 전혀 다르다. 폭우와 폭염, 산불과 침수는 초와 분, 시간 단위로 도시를 덮친다. 재난은 기다려주지 않는다.

문제는 이 세 시간의 속도가 서로 다르다는 데 있다. 느린 인간과 도시의 시간 위로, 가속된 재난의 시간이 겹치면서 도시는 반복적으로 취약해진다. 이 간극을 조율하기 위해, 도시 안에 또 하나의 '시간층'이 필요하다는 인식이 여기서 출발한다.

여기서 말하는 시간층이란, 하나의 도시 안에 서로 다른 속도의 시간이 겹쳐 존재하는 구조를 뜻한다. 도시는 하나의 시간으로 움직이지 않는다. 사람의 경험, 도시의 구조, 재난의 시간이 서로 다른 속도로 흐른다. 도시가 반복적으로 위기에 노출되는 이유는, 이 서로 다른 시간이 조율되지 않은 채 충돌하기 때문이다.

AI의 시간 - 늦은 도시를 앞당기는 기술

도시의 시간이 늦는 이유는, 도시를 구성하는 요소들이 빠르게 바뀌도록 설계되지 않았기 때문이다. 이 시대의 문제는 이렇게 느리게 설계된 도시가 빠른 재난을 마주하게 된 것이 상시화되었다는 것이다.

이 간극을 메우기 위해 도시가 선택할 방법은 많지 않다. 도시를 물리적으로 더 빠르게 바꾸는 것은 불가능에 가깝기 때문이다. 현실적인 해결도구는 AI뿐이다. 도시가 실제로 움직이기 전에, 미리 움직여 보는 것. AI의 시간을 작동함으로써 느린 도시를 빠르게 하는 방법뿐이다.

AI는 도시의 미래를 예언하지 않는다. 그렇지만, 가능한 미래들을 동시에 계산하고 비교할 수는 있다. 폭우가 쏟아질 경우, 어디가 먼저 잠기고 어떤 경로가 끊기며 어느 지점에서 병목이 생길지를 현실보다 앞선 시간에서 점검할 수 있다. 그리고 구조적인 병목 지역은 새로운 설비로 대체할 수 있도록 해준다.

이 방식의 핵심은 도시를 하나의 가상 공간에 먼저 세워보는 데 있다. 현실의 도시는 느리지만, 가상 공간 속 도시는 재난보다 빠르게 움직일 수 있기 때문이다.

싱가포르는 이 방식을 도시 운영의 핵심으로 삼았다. '버추얼 싱가포르'로 불리는 가상의 도시는 도시 전체를 디지털 트윈으로 구현했다. 이

AI 도시, 자연을 닮다

시스템을 이용해 강우와 해수면 높이, 배수의 방향, 교통통제, 지하 공간의 변화 등 도시의 모든 움직임이 동시에 시뮬레이션 되도록 했다. 폭우가 예측되면 도시는 스스로 움직인다. 침수 가능 구역이 먼저 표시되고, 교통과 접근 경로가 재편된다. 디지털 트윈의 통제하에서, 도시는 현실에서 움직이기 전에 미리 한번 움직여 재난을 준비할 수 있다.

이때 AI의 역할은 결정을 대신하는 것이 아니다. 현실의 도시가 늦지 않도록, 판단의 시간을 앞당기는 것이다. AI는 도시의 속도를 높이는 기술이 아니라, 도시의 시간을 앞당기는 기술이다. 느린 도시를 빠르게 만드는 것이 아니라, 늦은 도시가 미리 움직이게 만드는 방식이다.

도시는 여전히 느리다. 그러나 적어도, 재난보다 늦지는 않게 할 수 있다. AI는 도시의 시간을 앞당겼다. 이제 질문은 달라진다. 공간은 이 새로운 시간을 어떻게 받아들일 수 있는가.

시간에 따라 바뀌는
공간의 위계

동양의 풍수사상은 본래 산의 흐름과 물의 방향, 땅의 높낮이를 살피며 어떤 자리에 생기가 머물고 흩어지는지를 읽어내는 지혜였다. 다시 말해 풍수는 오랫동안 공간이라는 지도를 해석하는 기술로 이해되어왔다. 어디에 자리를 잡을 것인가, 어떤 지형이 사람의 삶을 편안하게 하는가를 묻는 방식의 사고체계였다.

그런데 어느 순간, 이 공간의 지도에 또 하나의 축이 더해졌다. 바로 시간이 공간을 바꾼다는 관점이다.

옛사람들은 땅을 고정된 물체로만 보지 않았다. 같은 땅이라도 어떤 '때'를 만나느냐에 따라 길흉이 달라진다고 믿었다. 사람의 삶이 나이에 따라 달라지듯, 땅 또한 시대를 만나야 비로소 에너지를 드러낸다는 생

AI 도시, 자연을 닮다

각이었다. 공간은 그대로 있어도, 그 공간을 움직이게 하는 조건은 시간 속에서 달라진다고 본 것이다.

이런 관점에서 보면, 도시의 변화는 지형과 방위만으로 설명되지 않는다. 오랫동안 논과 습지였던 땅이 어느 순간 도시의 중심이 되고, 한 동안 변두리에 머물렀던 공간이 특정 시기를 지나며 눈에 띄게 성장하는 장면은 수없이 반복되어왔다. 이는 공간의 운명을 바꾸는 힘이 땅의 형상만이 아니라, 그 공간이 어떤 시간을 맞이했는가에 따라 달라진다는 뜻으로 해석할 수 있다.

이러한 이론을 체계화한 것이 바로 '현공풍수(玄空風水)'다. 현공풍수는 흔히 '공간에 시간이 입혀진 풍수'로 불린다. 이는 풍수가 더 이상 공

오랜 세월 축적된 삶이 천천히 이어지는 공간이다. 이곳은 시간이 쌓이면서 안정된 형태를 갖춘 우리나라 전통 마을이다.

간의 배치만을 다루는 기술이 아니라, 공간 위에 흐르는 시간의 의미를 읽으려는 사유로 확장되었음을 뜻한다.

공간 위에 흐르는 시간 – 3원 9운이라는 시계

현공풍수는 세상을 '3원 9운'이라는 시간의 주기로 읽는다. 180년을 한 번의 순환으로 보고, 이를 60년씩의 3원(상원. 중원. 하원)으로 나눈 뒤, 각 원을 다시 20년씩의 '운'이라는 단위로 구분하는 방식이다.

이 '20년'이라는 시간은 절대 짧지 않다. 한 사회의 산업 구조가 재편되고, 도시의 성장축이 이동하며, 사람들의 생활양식이 바뀌는 데 필요한 시간으로 충분하기 때문이다. 그래서 현공풍수의 시간 체계는 미신적 계산이라기보다, 세상의 변화를 일정한 주기로 읽어내려고 한 동아시아식 시계에 가깝다고 볼 수 있다.

앞서 설명했듯이, 현공풍수는 이 20년 주기를 하나의 '운(運)'으로 나누어, 시간의 흐름에 따라 공간의 성격이 어떻게 바뀌는지를 읽어낸다. 전체 주기는 1운부터 9운까지 이어지지만, 오늘날의 도시를 이해하는 데 핵심이 되는 구간은 산업화 이후 본격적인 도시 전환이 일어난 7운부터 9운까지다.

이 시기는 전통 사회의 질서가 해체되고, 도시가 세계와 연결되며, 기술과 자본, 정보가 공간의 성격을 바꾸기 시작한 시기와 겹친다. 그래서

AI 도시, 자연을 닮다

여기서는 현공풍수의 전체 체계 중에서도 현대 도시의 시간과 직접 맞닿아 있는 7·8·9운을 중심으로 살펴보고자 한다.

7운(1984~2003) - 서쪽과 금(金)의 시간

7운은 전통적으로 서쪽과 금(金)의 기운이 강한 시기로 해석된다. 풍수에서 서쪽은 해가 지는 방향이자, 바다 너머의 세계와 연결되는 방위다. 이를 현대적으로 해석하면, 외부 세계와의 접속, 개방과 교류를 상징한다.

금(金)의 기운은 단단함과 구조, 시스템을 의미한다. 이 시기에는 기존의 질서를 정비하고, 제도와 시장을 국제 기준에 맞게 재편하려는 움직임이 강했다. 세계적으로는 냉전 종식 이후 세계화와 자유무역이 본격화되었고, 산업과 기술은 국경을 넘어 빠르게 이동했다.

한국 사회에서도 이 변화는 나타났다. 서해안 개발, 인천공항 건설, 항만과 물류 인프라의 확충은 '서쪽으로 열린 국가'라는 공간적 방향성과 일치했다. 서구 선진국과의 교류 확대, 시장 개방, 수출 중심 산업 구조의 강화 역시 이 시기에 이루어졌다. 7운은 한국의 도시와 산업이 안에서 밖으로 방향을 틀며, 글로벌 시스템 속으로 편입되던 시간이었다.

8운(2004~2023) - 토(土)와 동북의 시간

8운은 토(土)의 기운과 동북 방향이 중심이 되는 시기다. 토의 기운은 땅과 기반, 축적과 안정을 상징한다. 도시와 사회의 에너지가 눈에 보이는 시기, 즉 토지와 건축, 인프라로 집중되는 시간이다.

이 시기 한국 사회에서는 대규모 도시 개발과 기반 시설 확충, 2기와 3기 신도시 조성이 본격화되었다. 부동산과 도시 공간은 성장의 핵심 자산으로 인식되었고, 도시는 더 넓게 확장되고 더 많이 건설되며 더 단단해졌다.

동북 방향은 풍수에서 새로운 중심이 형성되는 방위로 읽히기도 한다. 실제로 이 시기에는 동탄과 평택, 세종처럼 기존 중심에서 벗어난 새로운 도시들이 빠르게 부상했다. 행정과 주거, 산업과 교통 기능이 결합된 신도시들은 국가 성장의 새로운 무대로 자리 잡았다.

8운은 한국의 도시가 내실을 기하며, 공간을 통해서 성장하던 시간이었다.

7운(1984~2003)은 태괘(兌卦)에 해당하는데, 태괘는 막내딸, 즉 젊은 여성을 상징하며, 인체에서는 '입', 감정으로는 즐거움과 표현을 뜻한다. 이때는 말하고 먹고 즐기는 문화가 사회 전면에 확산했던 시기다.

실제로 이 시기 도시는 이전보다 훨씬 더 시끄럽고 활기찼다. 노래방과 외식 문화, 대중음악과 방송, 광고와 휴대폰 산업이 빠르게 성장했고, S.E.S, 핑클, 베이비복스와 같은 여성 걸 그룹이 대중문화를 이끌었다. 도시가 사람들이 모여 말하고 웃고 소비하는 무대로 사용되던 시기였다.

이어진 8운(2004~2023)은 토(土)의 기운과 동북방의 시간으로 표현된다. 토는 땅과 기반, 안정을 상징하고, 동북은 산과 같은 '버티는 힘'이 형성되는 방향이다.

이 시기 도시의 풍경은 남녀노소를 가리지 않고 아웃도어로 채워졌다. 노스페이스, K2, 블랙야크처럼 산과 자연을 상징하는 브랜드들이 일상복으로 자리 잡았는데, 이는 유행을 넘어 불안정한 시대를 견디기 위한 '버티는 몸'을 상징적으로 표현한다. IMF 외환위기 이후 누적된 불안에, 몸과 삶을 더 단단히 붙잡으려는 선택이 아닐까?

7운의 도시는 표현하고 소비하며 밖으로 향했고, 8운의 도시는 축적하고 정착하며 안으로 무게를 실었다. 시간이 바뀌자, 도시를 사용하는 방식 역시 함께 달라진 것이다. 이러한 해석은 미래를 예언하기 위한 것이 아니라 각 시대가 무엇을 욕망했고, 도시가 어떤 분위기로 살아 움직였는지를 되짚어보는 문화적 기록이 아닐까?

9운(2024~2043) - 화(火)의 시간으로 들어서며

현재 우리는 8운의 시대를 넘어 9운의 시대에 살고 있다. 9운은 화(火)의 기운이 중심이 되는 시기로, 방향으로는 남(南)쪽에 해당한다. 화의 기운은 에너지와 빛, 전환과 속도를 상징한다.

이 시기에는 물질을 얼마나 쌓았는가보다, 무엇을 이해하고 어떻게 판단하는지가 더 중요한 기준이 되는 시기다. 토(土)의 기운이 중심이던 이전 시기에는 토지와 부동산, 기반 시설과 같은 물질적 가치가 도시와 사회의 중심을 이루었다면, 9운으로 접어들며 사람들의 관심과 에너지의 초점은 점차 비물질적, 정신적 영역으로 이동하는 흐름을 보일 것이라고 한다.

지식과 정보, 감각과 경험, 의미와 정신문화에 대한 탐구가 중요해지고, 기술 역시 물질의 축적보다는 사고와 인식, 삶의 방식을 바꾸는 방향으로 작동하려는 경향을 드러낸다.

이러한 변화는 단정적인 미래 예측이라기보다, 사회가 무엇을 성장과 가치의 중심으로 인식해왔는지를 시간의 흐름 속에서 되짚어보는 하나의 해석이다. 9운은 물질에서 정신으로, 소유에서 경험으로, 축적에서 전환으로 무게중심이 옮겨갈 가능성이 읽히는 시간대다.

나는 현공풍수 이론을 통해 미래를 예언하려는 것이 아니다. 도시와 산업, 사회의 변화가 어떤 방향성과 분위기를 띠며 반복되어왔는지를 지나간 시간을 통해 되짚어보고자 할 뿐이다. 같은 공간이라도, 맞이한 시간이 달라지면 전혀 다른 의미와 역할을 갖게 되기 때문이다.

이런 맥락에서 현공풍수는 공간의 좋고 나쁨을 가르는 기술이 아니라, 공간이 때를 만나 힘을 얻는 시점을 시간으로 해석하려 한 시도라고 할 수 있다.

AI가 바꾼 시간의 속도

사람의 생애가 유년에서 청년, 중년과 노년으로 이어지듯, 도시 역시 성장과 성숙, 쇠퇴와 재생이라는 생명주기를 거친다. 교통의 축이 이동하면 도시의 중심이 바뀌고, 산업 구조가 재편되면 공간의 위상도 함께 변화한다. 시대에 뒤처진 도시는 쇠퇴하지만, 새로운 기술과 산업이라는 '때'를 만나면 다시 살아나기도 한다.

이것은 현공풍수가 말해온 "땅도 때를 만나야 에너지가 드러난다"라는 주장과 유사하다. 결국 풍수의 시간은 도시가 시대를 만나 어떻게 변화하는지를 읽어내는 하나의 시간적 비유, 그리고 도시를 보는 또 다른 시각이었다.

그러나 지금, 이 '시간의 질서'는 완전히 새로운 국면을 맞고 있다. 사람의 시간은 느리고, 도시의 시간은 그보다 더 느리다. 그러나 AI가 등장하면서 시간은 지금과 전혀 다른 차원에서 움직이고 있다. 데이터는 매초 축적되고, 위험은 실시간으로 예측되며, 도시의 미래는 시뮬레이션을 통해 확인할 수 있다.

과거에는 자연의 변화에 맞춰 시간을 받아들였다면, 지금은 기술이 시간을 앞당기고 조정하는 시대가 되었다. 현공풍수는 '땅의 때'를 읽으려고 했다면, AI는 '도시의 미래'를 실시간으로 계산한다. 20년 단위로 움직이던 느린 시간 위에, 이제는 몇 초와 며칠 단위로 작동하는 초가속의 시간이 겹치는 것이다.

중요한 것은 이 두 시간이 서로를 부정하지 않는다는 점이다. 하나는 우주의 느린 호흡을 읽고, 다른 하나는 도시의 빠른 신호를 감지한다. 속도는 다르지만, 지향하는 방향은 같다. 도시는 시간 위에서 살아가는 생명체이고, 그 생명체의 리듬을 이해해야 도시를 회복시키고 미래로 이끌 수 있다.

전통의 느린 시간과 기술의 빠른 시간이 만나는 지금, 우리는 도시가 숨 쉬는 방식을 새로운 차원에서 바라보고 있다. 시간을 읽는다는 것은 결국, 도시의 변화를 읽는 일이다.

이제 우리는, 이 앞당겨진 시간이 우리의 삶에 어떻게 바꾸고 있는지에 대한 해답을 찾아가려고 한다.

도시의 시간은 한 번에 흐르지 않는다. 겹치고, 밀리고, 앞당겨지며 도시의 흐름은 끊임없이 다시 조율된다.

AI, 도시의 시간을
앞당기다

　도시도 때를 잘 만나야 발전한다. 도시의 성장은 단순히 계획의 완성도나 투자 규모만으로 결정되지 않는다. 같은 공간이라도 시대의 흐름, 산업의 변화, 사람의 이동이라는 시간적 요소가 겹칠 때 비로소 도시는 발전하기 시작한다. 이는 오래전부터 공간을 기반으로 '때'를 중시해온 전통적 이론과도 맞닿아 있다. 도시의 성패는 땅의 조건과 더불어, 어떤 시기를 만나느냐는 것이 중요하다는 이야기다.

　최근 도시를 둘러싼 환경은 많이 달라졌다. 제조와 물류 중심의 도시 경쟁력은 한계에 이르렀고, 도시의 미래를 좌우하는 핵심 요인은 혁신을 만들어내는 능력으로 변화하고 있다. 그리고, 그 중심에는 연구개발(R&D)이 있다. 연구와 실험, 검증과 개선이 이어지는 환경은 산업의 속도를 바꾸고, 도시가 반응하는 시간 자체를 앞당긴다. 도시는 완성된 공간 위에서 천천히 성숙해가는 과거의 방법으로는 살아남기 어렵다. 혁신의 속도에 따라 빠르게 변화하는 도시만이 생존하는 시대가 도래했기 때문이다.

AI와 R&D가 만든 도시의 시간

AI와 데이터, 바이오와 같은 연구개발 중심 산업은 변화의 속도가 기존 산업과는 확실히 다르다. 이들 산업은 생산의 규모를 키우기보다, 빠른 학습과 짧은 검증 주기를 중요시하기 때문이다. 그 때문에 공간을 선택할 때도 단순한 입지 여건이나 비용 절감 등의 요인보다는, 혁신이 반복될 수 있는 환경을 더 중요시한다.

그리고, 혁신의 환경은 대체로 세 가지 조건을 요구한다.

첫째, 반복적인 실험과 축적을 가능하게 하는 연구 인프라.
둘째, 그 실험을 수행하고 지식을 갱신하는 혁신 인재.
셋째, 외부와 끊임없이 연결되며 새로운 자극을 받아들이는 개방성.

이 세 조건은 모두 AI와 연구개발과 연관된 산업에서 특히 강하게 나타난다. AI는 산업의 방향을 바꾸는 기술이기도 하지만, 변화가 시작되는 시간을 앞당기는 역할을 한다. 과거 도시의 전환이 수십 년 단위로 이루어졌다면, AI와 R&D가 중심이 된 도시에서는 변화의 가시화가 훨씬 짧은 시간 안에 일어나기 때문이다. 이때 도시는 오랜 시간에 걸쳐 완성되지 않고, 변화의 속도가 눈에 띄게 빨라지는 공간이 된다.

마곡 – AI가 도시의 시간을 압축한 사례

이러한 조건을 비교적 충실하게 반영한 공간이 바로 마곡지구다. 마곡지구는 단순한 업무지구나 산업단지가 아니라, 첨단 융복합 연구개발(R&D)을 중심으로 한 자족적 도시 구조를 지향하며 조성되었다. 연구와 업무, 주거와 생활, 공원과 상업의 기능을 하나의 생활권 안에 배치했는데, 이 구성은 교통과 산업의 결합, 직주근접, 일과 삶, 여가의 순환을 중시하는 최근 도시계획의 흐름과 맞닿아 있다.

겉으로 보기에 마곡지구는 전형적인 AI 도시처럼 보이지 않는다. 거리에 로봇이 돌아다니지 않고, 도시 운영이 AI에 의해 자동화되어 있지도 않다. 그럼에도 마곡지구가 AI 도시로 불리는 이유는, AI가 눈에 띄는 기술이 아니라 도시의 시간 구조를 바꾸는 힘으로 작용하고 있기 때문이다.

앵커 기업인 LG사이언스파크를 중심으로 AI와 데이터, 바이오 분야의 연구개발 조직이 집적되면서, 마곡지구의 산업 활동은 기존 산업지구와는 다른 속도로 전개되고 있다. 연구와 실험, 협업과 검증은 장기 프로젝트로 누적되기보다 짧은 주기로 반복되며 빠르게 재편되었다. 이에 따라 사람의 이동과 협업, 조직의 구성과 재편, 성과와 실패의 순환역시 이전보다 훨씬 빠르게 이루어진다.

그 결과 도시는 단계적으로 변화하기보다, 비교적 짧은 시간 안에 전 분야에서 동시에 가시화되고 있다. 인재의 유입과 연구개발 활동의 확장, 도시 이미지의 형성이 같은 시점에 진행되면서, 마곡은 빠르게 하나의 도시적 정체성을 갖추기 시작했다. 이는 물리적 완성도의 문제가 아니라, 도시가 반응하고 성숙하는 시간의 속도가 달라졌다는 점에서 나타난 변화다.

이 과정에서 AI의 역할은 도시의 외형을 바꾸는 데 있지 않다. AI는 연구와 의사결정, 실험과 학습의 시간을 단축하며 사람의 활동 리듬을 앞당긴다. 데이터 분석과 시뮬레이션을 통해 판단의 시간이 짧아지고, 실험과 검증의 주기가 압축되면서, 사람들이 머무르고 협업하며 경험을 축적하는 과정 자체가 빠르게 응축되었다. 도시 역시 그 속도에 맞춰 움직이고 있다.

앞서 언급한 AI가 재난의 시간을 앞당기는 기술이었다면, 마곡지구에서의 AI는 도시 전환의 시간을 앞당기는 기술이라고 할 수 있다. AI는 도시를 새로 설계하지 않더라도, 도시가 작동하는 시점을 앞당길 수 있다. 마곡지구가 AI 도시로 불리는 이유는 이곳에 AI 기술이 눈에 띄게 설치되어 있기 때문이 아니라, AI가 만들어낸 시간 압축의 효과가 도시 전반에 스며들었기 때문이다.

마곡은 AI 도시의 완성형이라기보다, AI 시대에 도시가 어떻게 자기 시간을 재구성하는지를 보여주는 과정형 도시다. 혁신과 인재, 개방성이 연구개발이라는 축을 중심으로 빠르게 순환할 때, 도시는 비로소 자기 리듬을 갖는다. 그리고 그 리듬을 앞당기는 힘이 바로 AI다.

AI 도시, 자연을 닮다

AI의 시간,
우리는 어떻게 살아야 할까?

도시는 언제나 느리게 움직인다.
그 느림은 때로 위기 앞에서 답답한 약점처럼 보이지만,
사람과 자연, 기억과 질서를 품어온 도시의 생존 방식이기도 하다.

AI는 그 반대에서 출발한다.
빠르게 배우고, 즉시 반응하며, 아직 오지 않은 미래를 먼저 그려본다.
도시는 시간을 따라가고, AI는 시간을 앞당긴다.
전혀 다른 두 존재이지만, 이 둘이 만나는 순간
도시는 비로소 '자신이 가진 시간'을 회복하기 시작한다.

앞당겨진 시간 덕분에 재난을 피하고, 느린 시간 덕분에 삶을 회복한다.
도시는 속도를 얻는 대신, 다시 돌아올 수 있는 시간을 얻는다.
이 조화가 만들어내는 것은 단순한 기술의 진보가 아니라
도시가 제 속도로 다시 숨 쉬게 만드는 회복의 시간이다.

이제 우리는 이해하게 되었다.

———————

도시의 미래는 더 넓은 공간을 차지하는 경쟁이 아니라,
서로 다른 시간을 어떻게 조율하느냐에 달려 있다는 사실을.
AI는 그 조율을 가능하게 하는 훌륭한 도구라는 사실을.

AI의 시대, 우리는 어떻게 살아가야 할까?

그러나 이 질문은 도시에만 머물지 않는다.
도시는 인간의 삶이 가장 밀집된 공간이며,
도시의 시간이 흔들릴 때 인간의 시간 또한 함께 흔들리기 때문이다.
우리는 너무 오랫동안 멈출 수 없는 속도 속에서 살아왔다.
시간이 흐른 것이 아니라, 시간에 떠밀려 온 듯한 날들이었다.

그래서 이 책이 던진 질문은 처음부터 도시만을 향한 것이 아니었다.
AI가 시간을 앞당기는 시대에, 인간은 어떤 방식으로 살아가야 하는가.
이 책은 그 답을 찾기 위한 하나의 여정이었다.

그리고 여기,
도시의 시간과 인간의 시간이 만나는 지점에서
우리는 해답 하나를 얻게 된다.

AI의 시대에 인간에게 필요한 것은 더 빨리 달리는 능력이 아니다.
다시 숨을 고를 수 있는 여유,
방향을 고쳐 세울 수 있는 용기,
그리고 진짜 변화의 신호를 분별해낼 수 있는 통찰이다.

———

———————————

순환이 끊기지 않는 삶,
완벽하지 않아도 다시 시도할 수 있는 태도,
앞으로 올 시간을 담담하게 예측할 수 있는 눈.
그것이 우리가 AI의 시간을 마주한 채
여전히 인간으로 살아갈 수 있는 삶의 방식이다.

도시가 그러하듯, 인간의 삶 또한
자기만의 시간 위에서 다시 숨을 쉬어야 하기 때문이다.

6장

AI 도시, 자연을 닮다

나는 5살 이전의 기억이 없다.
그 모든 기억을 지워버린 장면이 너무 강렬했기 때문이다.

1971년의 이른 봄,
덜컹거리던 버스에서 눈을 떴을 때,
버스는 삼일고가도로 위를 달리고 있었다.
그리고, 괴물처럼 솟아오른 거대한 삼일빌딩은
밤하늘을 찢어놓듯 강렬한 불빛을 쏟아내고 있었다.

그 빛은 어린 나의 시야를 단숨에 삼켜버렸고,
그 찰나의 충격이 5살 이전의 모든 기억을 밀어내버렸다.
그 순간을 기점으로, 내 시간은 끊어지고 다시 시작되었다.

그 시절 서울은 거대한 변곡점에 서 있었다.
1953년 100만 명에 불과하던 인구가
이미 600만 명을 훌쩍 넘어 도시를 가득 채웠고,
사람들은 일자리를 찾아, 생존과 희망을 좇아
'서울로, 서울로' 끊임없이 밀려들고 있었다.
도시는 숨 돌릴 틈도 없이 커져갔고
산업화의 속도에 맞춰 더 높이, 더 빽빽하게,
더 빠르게 자신을 재구성하고 있었다.

어린 나의 눈에 그 도시는 온통 회색빛이었다.

AI 도시, 자연을 닮다

하늘도, 거리도, 사람들의 얼굴도 모두 같은 회색빛이었다.
거리에 가득 찬 사람들의 얼굴에서는 생기를 찾아볼 수 없었다.
서울은 거대했고, 강력했으며, 압도적이지만,
나는 그 어디에서도 생명의 색을 찾을 수는 없었다.

그런데, 그 회색 하늘을 바라보고 있던 어린 나의 마음속에는
또 다른 하늘이 자리하고 있었다.
보이지 않지만 분명히 존재하는, 눈이 시리도록 푸르고 청명한 하늘.
나는 그 하늘을 마음속에 품고,
회색의 도시 속에서 지난했던 나의 삶을 견뎌왔다.

지금 다시 돌아보면,
내가 도시를 연구하고 도시를 바꾸기 위해 애써 온 것도,
회색 도시에 가려진 그 청명한 하늘을 다시 찾고 싶었기 때문일 것이다.
기술이 만든 회색의 도시가 아니라,
사람의 감정과 자연의 숨결이 머무는 도시.
기억을 지우는 도시가 아니라,
기억을 되살리는 도시가 바로 내가 그리는 도시다.

산업 도시는 노동의 기억을 지웠고,
디지털 도시는 인간의 감정마저 지우려 하고 있다.
그러나, 이 모든 역사 속에서,
나는 여전히 그 푸르고 청명한 하늘을 기억한다.

언젠가 이 회색빛 하늘이 걷히는 날,
도시는 생명의 색을 되찾을 수 있을 것이다.
그 길은 기술과 자연이 서로의 빈자리를 채우는 데서 시작될 것이다.

이 책을 쓰는 이유도 바로 그것이다.
기술의 도시에서 생명의 도시로,
회색 도시를 넘어 그 푸르고 청명한 또 다른 하늘을 되찾기 위한 여정.
이 장은 그 여정의 마지막이다.

그래서 나는 이 장을
도시를 '더 똑똑하게' 만드는 이야기로 끝내지 않으려 한다.
기술은 도시를 움직일 수 있다.
그러나 도시를 살게 만드는 것은 자연의 순환과 인간의 감정이다.
AI는 그 둘을 대신하는 기술이 아니라,
자연과 인간이 다시 연결되도록 도시를 조율하는 기술이다.

기술의 도시에서 생명의 도시로.
이 장이 향하는 결론은 바로 그 지점에 있다.

AI 도시, 자연을 닮다

기술의 도시에서
생명의 도시로

기술이 만들어낸 압축도시, 서울

서울은 세계 도시사에서 유례를 찾기 어려울 만큼 급격한 속도로 성장한 도시다. 전쟁 직후 100만 명에 불과하던 인구는 1992년 1,100만 명을 넘어섰다. 불과 40년 만에 도시는 11배 이상 팽창한 것이다.

이 폭발적 성장은 도시 전체를 하나의 거대한 '기술 시스템'으로 재편하는 과정이기도 했다. 아파트 단지와 간선도로, 고가도로와 도시고속도로, 지상과 지하로 겹겹이 구축된 기반 시설망은 서울의 새로운 뼈대를 형성했다. 속도와 효율은 당시 서울이 선택할 수 있었던 가장 합리적인 생존 전략이었다.

그 과정에서 서울은 자연을 보존하기보다, 토목과 건축, 그리고 속도의 논리에 따라 설계되었다. 높은 효율과 빠른 속도는 도시 경쟁력의 상징이 되었고, 자연과 인간의 자리는 점차 도시의 주변부로 밀려나기 시작했다. 서울은 산업화 시대가 만들어낸 대표적인 '기술 중심 압축도시'로 자리 잡았다.

한강 개발이 만든 자연과 시민의 단절

한강은 이러한 선택의 결과를 가장 확실하게 보여주는 공간이다. 1960~1970년대의 한강종합개발은 치수와 수자원 확보, 교통 효율 개선이라는 당시의 과제를 우선적으로 해결하기 위한 국가적 프로젝트였다. 이 과정에서 강이 자연스럽게 돌아 흐르던 모습은 사라지고, 흐름을 따라 형성되던 모래톱과 습지는 대규모 준설로 걷어내어졌다. 강은 직선화되었고, 수중보와 인공 구조물들이 설치되며 한강은 안정적으로 통제되기 시작했다.

그 결과 한강은 오랜 시간 도시를 지탱해온 '자연의 강'에서 도시 기능을 뒷받침하는 '관리된 수로'로 성격이 바뀌었다. 생태계는 단순해졌고, 범람과 퇴적, 습지로 이어지던 생명의 순환은 약화되었다.

생태계의 훼손보다 더 뼈아픈 변화는, 도시와 시민이 강과 맺어온 관계가 끊어졌다는 점이다. 강변을 따라 늘어선 도로와 고층 아파트 단지는 강과 도심 사이의 접점을 차단했고, 한강은 시민에게 '보이기만 하는

수변 도로와 고밀 고층 주거단지는 시민들의 수변 접근을 제한하고, 한강의 조망권을 일부 시민에게만 허락되는 특권으로 바꾸어놓았다.

강', '닿을 수 없는 강'이 되었다.

바람길은 막히고 열은 쌓였으며, 모두가 누리던 조망과 접근의 권리는 일부에게 집중되었다. 도시 한복판에 강이 흐르고 있었지만, 서울은 결국 강을 잃어버린 도시가 되었다.

도시 문명의 전환점 – 자연성 회복과 AI의 역할

2007년 이후 서울은, 기술의 시대가 남긴 상처를 치유하기 시작했다. 늦었지만, 도시는 처음으로 '생명'을 향해 방향을 틀기 시작한 것이다.

콘크리트로 굳어 있던 강변의 일부는 자연형 제방과 완민한 물기로 바뀌었고, 잘려 나갔던 습지는 다시 조성되었다. 여의도 샛강, 암사생태공원과 강서습지생태공원, 잠실 일대처럼 자연형 물가와 저지대 습지가 복원되며 강은 조금씩 본래의 모습을 되찾기 시작했다. 이러한 변화의 핵심은 단순한 경관 개선이 아닌 자연성의 회복이었다.

수생식물이 자리 잡고 물가에 그늘이 생기자, 한동안 사라졌던 새와 작은 생명들이 다시 강으로 돌아오기 시작했다. 이는 끊어졌던 한강의 흐름과 기억이 다시 이어지고 있다는 신호였다.

밤섬과 퇴적을 통해 되살아난 하남 당정섬은 이 변화를 가장 잘 보여주는 공간이다. 한때 준설과 개발로 사라지거나 크게 훼손되었던 이곳은 이제 도심 한가운데서 생명이 머물고 번식하는 생태적 피난처가 되었다. 계절마다 하늘을 가로지르는 철새의 이동은 한강이 다시 '머물 수 있는 강'으로 바뀌고 있음을 말해준다.

지금의 한강은 단순한 '복원' 단계를 넘어, 기억과 흐름이 함께 되살아나는 전환점에 서 있다.

AI, 회복의 속도를 앞당기는 기술

AI의 등장은 한강의 변화에 새로운 차원을 더했다. 과거의 기술이 강을 직선화하고 흐름을 통제하는 데 집중했다면, AI는 물이 흘러오고 머물고 빠져나가는 방식을 도시 전체의 관점에서 세밀하게 파악한다.

강의 수온과 수위, 유속을 실시간으로 계산하고, 집중호우 시 물이 어느 지점에 머물고 어디로 넘칠지를 예측하며 자연스러운 물순환을 되살릴 수 있는 방향을 제시하고 있다.

또한 AI는 수변 공간이 사람에게 어떤 경험을 제공하는지도 함께 고려한다. 어디에 그늘이 필요한지, 어느 지점에서 바람길이 끊어지는지, 강과 도시가 만나는 경계가 어떻게 열리고 닫히는지를 분석하며 사람이 물과 가까워질 수 있는 새로운 접점을 찾아낸다. 물길과 보행길, 그늘과 바람, 열과 냉기의 균형을 맞추는 것이다.

이와 함께 AI는 도심 열섬 지도를 24시간 업데이트해 도시의 온도와 바람의 흐름을 읽어내고, 수생태계의 취약 지점을 분석해 복원의 우선순위를 제시한다. 나아가 수변 개발이 조망과 바람길, 일조와 열 환경에 미칠 영향을 디지털 트윈 위에서 미리 시뮬레이션하며 강과 도시, 물과 바람, 건물과 도로가 얽혀 만드는 관계를 하나의 흐름으로 해석한다.

이제 도시계획은 더 이상 지도 위의 그림으로만 결정되지 않는다. 인간의 경험과 감성, 자연의 변화, AI의 계산과 예측이 함께 이어질 때 비로소 지속 가능한 미래 도시가 열린다. 기술은 자연을 밀어내는 도구가 아니라, 자연의 질서를 이해하고 지키기 위한 도구로 변화해야 한다. AI는 그 변화의 가장 앞에서 조율하는 기술이다.

스카이라인에서 드러나는 도시의 철학

서울의 한강 스카이라인은 기술 도시가 지닌 '속도와 효율의 논리'를 그대로 보여준다. 단순하고 일률적인 높이, 조망권과 분양가 중심의 배열, 바람길을 끊고 수변 접근을 제한하는 도시 구조는 강이 도시 전체의 풍경이 아니라 '보이는 사람만 보는 풍경'으로 변해버렸음을 말해준다.

반면 세계 여러 도시는 같은 강변 공간을 '생명의 흐름'과 '도시의 품격'을 살리는 방식으로 해석해왔다. 영국 런던의 템스강 스카이라인은 고층과 저층, 역사와 현대가 자연스럽게 이어지는 도시임을 확인시켜준다. 강변 산책로는 누구에게나 열려 있으며, 바람과 조망은 특정 건물이 독점하는 것이 아니라 도시 전체가 익히는 공공의 자산으로 남아 있다.

호주 브리즈번(Brisbane)은 굽이치는 강선을 그대로 보존하고, 숲길과 저지대 녹지를 유지해 고층 건물조차 바람길과 조망, 수변 접근성을 해치지 않는 범위에서 배치되었다. 강과 숲, 도심이 자연스러운 리듬을 이루도록 하는 것이 도시의 기본 원칙이다.

캐나다 밴쿠버(Vancouver)의 '뷰 코리도어(View Corridor)'는 산맥 조망, 수변 조망, 바람길을 도시 전체가 공유하도록 보장하는 조례다. 이 기준을 해치지 않는 범위에서만 건물의 높이와 형태가 허용되며, 들쭉날쭉하지만 조화로운 스카이라인이 이 도시기 무엇을 우선순위로 두는지 분명히 보여준다.

이 도시들의 공통점은 하나다. 강변 스카이라인은 소수가 아니라 도시 전체의 자산이라는 것이다.

강변 풍경은 소유의 대상이 아니라 도시 전체가 함께 누리는 공공의 자산이다.

서울은 새로운 전환점에 서 있다. 서울시가 제시한 '서울 2040 도시 기본계획'은 조망과 바람길, 공공성과 보행권 등의 원칙을 한강 전역에 다시 적용하려는 방향성을 담고 있다. 수변 접근성 개선, 보행 중심의 고도 관리, 조망권 독점 해소, 강변 경관 회복을 향한 시도들은 서울도 더 이상 과거의 직선형 압축도시에 머물지 않겠다는 선언에 가깝다고 할 수 있다. 서울의 스카이라인은 이제 기술의 논리에서 벗어나 자연의 흐름과 도시의 공공성을 중심에 두는 새로운 기준을 모색하기 시작한 것이다.

기술의 도시에서 생명의 도시로

기술 도시는 도시를 빠르고 효율적으로 만들었지만, 그 속도는 사람과 자연의 자리를 지워갔다. 그러나 한강 자연성 회복과 AI 기술의 결합은 도시가 다시 생명을 선택할 수 있다는 가능성을 명확하게 보여준다.

AI는 도시의 두뇌가 되고, 자연은 도시의 영혼이 되며, 사람은 그 흐름 속에서 삶을 되찾는다. 이제 도시가 선택해야 할 방향은 분명하다. 기술이 만든 회색의 도시를 넘어 자연과 인간의 리듬이 흐르는 생명의 도시로. 일부의 조망권이 아니라 도시 전체의 삶의 질을 중심으로. 직선의 강이 아니라 굽이쳐 흐르는 강으로. 기계적 도시가 아니라 AI가 조율하는 유기적 도시로. 서울은 지금 그 역사적 전환점에 서 있다.

그리고 이미, 서울이 지향하는 방향을 일상에서 구현해온 도시가 있

　　　　　　　　　　　　　　　　　　AI 도시, 자연을 닮다

다. 서울이 '기술이 만든 압축도시'의 전형이라면, 코펜하겐은 '사람의 감성'을 도시의 중심에 둔 대표 사례다. 이제 감성이 도시를 움직이는 힘이 될 수 있음을, 코펜하겐의 일상에서 확인해보자.

감응하는 가능성의 도시,
코펜하겐

도시가 기술로 무장할수록, 인간의 감성은 점점 그 자리를 잃어간다. 거리는 더 빠르게 움직이고, 사람들은 그 속도에 맞추느라 지쳐간다. 공간은 효율적일수록 내부에서 느껴지는 온기와 여유는 사라질 수밖에 없기 때문이다.

분명 도시는 사람을 위해 만들어졌지만, 정작 그 내부에서는 사람의 하루, 사람의 마음, 사람의 표정을 찾기 어려워졌다. 도시가 발전할수록 더 많은 기능을 누리는 것은 사실이지만, 삶을 이루는 감정의 자리가 눈에 띄게 좁아지고 있음도 분명하다.

우리가 꿈꾸는 도시는, 건물과 도로가 모여 있는 장소가 아니라 사람이 어떻게 살고, 무엇을 느끼며, 어떤 기억을 남기는지가 차곡차곡 쌓이

AI 도시, 자연을 닮다

는 삶의 그릇이어야 한다.

그래서 도시의 본질은 결국 사람의 감성이 머물 수 있는 공간을 만드는 일이다. 그리고 이 단순한 진실을 도시 전체의 설계 원리로 실천해낸 도시가 있다. 그 도시가 바로 코펜하겐이다.

느림의 도시 - 자전거로 움직이는 일상

코펜하겐은 덴마크의 수도이자, 아름다운 운하와 현대적 디자인, 친환경 정신이 도시 곳곳에 스며 있는 도시다. 이 도시가 세계의 주목을 받는 이유는, 자동차 중심의 도시를 과감히 내려놓고 사람의 감성에 맞춘 도보와 자전거의 도시로 방향을 틀었다는 데 있다.

코펜하겐에는 630km가 넘는 자전거 전용도로가 촘촘히 이어져 있으며, 도심을 관통하는 '자전거 고속도로(Cycle Superhighway)'는 출퇴근 시간을 자동차가 아닌 페달의 속도에 맞추도록 만들어졌다.

아이를 앞 칸에 태우고, 장바구니를 싣고, 때로는 반려견까지 함께 움직이는 카고 바이크는 코펜하겐 시민들의 '이동식 생활 공간'이다. 이 작은 수레 하나가 가족의 하루를 실어 나르고, 도시도 수레의 움직임에 맞춰 자신의 속도를 조절한다.

코펜하겐은 자전거가 가장 자연스러운 이동 수단이다. 사람들은 물가를 따라 흐르는 이 느린 속도에서 '일상의 감성'을 되찾는다.

강가와 골목을 따라 이어지는 부드러운 자전거길, 그리고 자전거의 속도에 맞춰 조정된 거리의 흐름은 이 도시가 이미 '몸의 감성'을 기준으로 설계되었음을 보여준다.

이 도시에서 자전거는 단순한 교통수단이 아닌, 사람과 도시를 연결하는 감성적 매개다. 페달을 밟을 때 들리는 바람 소리, 운하를 스치며 느껴지는 차가운 공기, 아침 햇살이 건물 벽을 타고 흘러내리는 순간, 도시는 다시 인간의 속도로 돌아온다.

도시는 기능으로만 설계되는 것이 아니라 체온과 속도, 감각으로도 설계될 수 있다는 것을 코펜하겐은 증명하고 있다. 사람의 몸이 느끼는 감성을 기준으로 도시를 다시 짜맞출 때, 도시는 효율을 넘어 살아 있는 공간으로 변한다.

감성의 재해석 - 도시를 다시 살아나게 하는 힘

코펜하겐의 감성은 이동 체계에만 머물지 않는다. 도시는 항구와 주거, 산업시설까지 도시를 구성하는 거의 모든 영역을 '효율의 대상'이 아니라 '삶의 감각이 머무는 공간'으로 다시 해석해왔다.

이 변화는 항구에서 가장 먼저 드러났다. 한때 오염으로 접근조차 어려웠던 코펜하겐 항구는 수질 개선과 자연형 물가 복원을 거쳐, 지금은 시민들이 수영하고 햇볕을 즐기는 도시의 일상 공간으로 되살아났다. 사람들은 물가에 앉아 쉬고, 바람을 느끼며, 잊고 지냈던 자연의 감성을 이곳에서 다시 만난다.

이 철학은 주거 공간에서도 이어진다. 아마게르(Amager)에 자리한 감성형 주거단지 8탈레트(8 Tallet)는 숫자 8 모양의 순환 구조 속에 주거와 산책로, 광장과 녹지를 끊김이 없이 엮어냈다. 집을 나서는 순간 산책길이 시작되고, 그 길은 다시 공동의 공간으로 이어진다. 사람들은 걷는 속도로 관계를 만들고, 머무르는 시간만큼 일상이 스며든다.

항구에서 주거시설로 이어지는 변화의 백미는 수변 재생지구 노르하운이다. 항만과 창고로 가득했던 이곳은 보행과 자전거 중심의 길, 물가로 열려 있는 조망, 도시와 물이 만나는 부드러운 경계를 통해 친환경 수변도시로 재탄생했다. 집에서 나와 물가를 따라 걷는 순간 자체가 하루의 정서가 되는 구조다.

이러한 감성의 재해석은 가장 차갑고 기능적인 영역으로 여겨졌던 산업시설에까지 확장된다.

코펜힐은 '코펜하겐의 언덕'이라는 뜻이다. 쓰레기 소각 발전소 '아마게르 바케(Amager Bakke)'의 옥상에 스키장, 산책로, 숲길, 암벽등반 코스를 얹어 산업시설을 도심 속 여가 중심지로 재해석한 상징적 공간으로 조성했다.

겉으로 보이는 것은 거대한 에너지 발전소지만, 그 위에는 계절과 상관없이 스키를 탈 수 있는 슬로프가 펼쳐져 있고, 도심을 내려다보며 걸을 수 있는 산책길과 언덕을 오르는 듯한 초록 숲길이 자연스럽게 이어진다.

이곳에서 시민들은 아침에는 달리고, 낮에는 피크닉을 즐기며, 퇴근길에는 가볍게 산책한다. 기술시설의 한복판에서 '도시의 감성'이 되살아나는 장면이다. 코펜힐이 보여주는 메시지는, 도시는 기술로 움직이지만 도시를 다시 살아 움직이게 하는 힘은 결국 '사람의 감성'이라는 것이다.

AI 도시, 자연을 닮다

산업시설을 도시의 감성 공간으로 변화시킨 사례다. 외벽의 산업적 이미지와 옥상 위 자연·스포츠 공간의 대비가 코펜힐의 철학을 잘 표현한다.

코펜하겐의 변화들은 겉으로 보면 서로 다른 정책처럼 보인다. 교통은 막힘없이 순환되도록 정비되었고, 항구는 다시 열렸으며, 주거와 공공 공간은 사람의 걸음 속도에 맞춰 재편되었다. 그러나 이 모든 변화의 밑바탕에는 도시 전체를 하나로 묶는 방향을 담고 있다.

세계의 도시들은 그동안 교통과 주거, 인프라와 공공서비스를 얼마나 빠르고 효율적으로 운영할 것인가를 가장 큰 목표로 삼아왔다. 도시는 거대한 시스템이었고, 효율은 언제나 최우선의 가치였기 때문이다. 그러나 코펜하겐은 이 '당연한 전제'를 다시 쓰고 있다. 도시의 목적은

효율 극대화가 아니라, 자연을 통해 인간의 감성을 회복시키는 데 있다
는 선언으로 말이다.

기후 위기 시대, 감성은 도시의 회복력이다

코펜하겐의 실험은 감성에 머물지 않고 기후 대응으로 확장된다. 클
리마크바타(Klimakvarter)는 집중호우와 홍수 같은 기후 리스크를 마을 단
위에서 다루는 실험 공간이다. 자연저류지와 빗물공원, 투수 포장과 유
수지는 홍수 방지라는 기능을 넘어 녹지를 넓히고 생물 다양성을 회복
시키며, 주민에게 여유와 심리적 안정감을 제공하고 있다.

이렇게 서로 다른 사례인 8탈레트, 노르하운, 클리마크바타 등은 규
모와 목적은 다르지만 하나의 원리를 공유한다. 도시는 효율적 시스템
이 아니라, 자연과 감성, 관계와 회복을 담아내는 생명의 그릇이어야 한
다는 것이다. 이 철학은 주거와 수변, 보행과 녹지, 기후 대응까지 도시
전 영역에 일관되게 스며들고 있다.

AI, 감성의 작동을 '도시 전체'로 확장하는 기술

바로 이 지점에서 AI는 감성을 대체하는 기술이 아니라, 감성이 도시
전반에서 더 정확히 작동하도록 돕는 기술로 등장한다. AI는 사람들이
오래 머무는 곳과 서둘러 지나치는 곳, 바람과 빛, 소음과 혼잡이 체감
에 미치는 영향을 함께 읽어 도시의 '감성 조건'을 드러낸다.

AI 도시, 자연을 닮다

그리고 그 감성 조건을 설계 언어로 바꾼다. 어디에 그늘과 바람이 필요한지, 어떤 동선이 피로를 누적시키는지, 어떤 물가와 녹지가 회복을 만들어내는지. AI는 도시의 감성을 '분위기'가 아니라 재현 가능한 구조로 번역해준다.

결국 코펜하겐이 보여주는 길은 단순한 친환경 정책이 아니다. 도시는 기술로 움직이지만, 도시를 다시 살아 움직이게 하는 힘은 사람의 감성과 자연의 흐름이다. 그리고 이 흐름이 도시 전반에서 더 정확히 작동하도록 조율하는 것, 그 역할을 맡는 것이 바로 AI다.

AI가 조율하는
생명의 도시

기술은 도시를 빠르게 만들었다. 도로는 촘촘해지고 이동은 매끄러워졌으며, 데이터와 자동화는 도시 전체를 하나의 운영체계처럼 움직이게 했다.

그러나 빠른 도시가 곧 살아 있는 도시는 아니다. 기후 위기와 초밀도, 예측 불가능한 재난과 도시 간 불균형은 도시를 점점 더 복잡하고 취약한 존재로 만들고 있기 때문이다. 이제 도시는 거대한 마천루와 예술적인 구조물로 버티는 시대로 돌아갈 수 없다. 스스로 판단하고, 스스로 조율하며, 스스로 회복하는 생명 시스템으로 진화해야 한다.

그래서 도시가 스스로에게 던지는 질문도 달라졌다.

'도시는 어떤 힘으로 위기를 견디며, 어떤 원리로 다시 살아날 수 있는가?'

그 답을 구성하는 두 축은 서로 다른 듯 보이지만, 결국 하나의 목적을 향해 있다. 도시의 두뇌인 AI, 도시의 영혼인 자연. 두뇌와 영혼이 함께 작동할 때 도시는 비로소 '살아 있는 도시'가 된다.

생명의 도시를 작동시키는 요인

살아 있는 도시는 두뇌(AI), 영혼(자연), 심장(사람의 일상)이라는 세 가지 요인이 조화될 때 비로소 유지된다.

① 두뇌(AI)는 도시의 흐름을 읽고 조율한다

교통·에너지·물·바람·열·사람의 이동과 체류 패턴을 통합해, 문제가 드러나기 전에 균형을 맞춘다. AI는 도시를 더 빠르게 만드는 기술이 아니라, 도시가 늦지 않도록 판단의 시간을 앞당기는 기술이다.

② 영혼(자연)은 도시의 회복력을 만든다

물은 위험을 완충하고, 바람은 열과 오염을 흩뜨리며, 녹지는 정서와 생태를 안정시킨다. 자연은 도시의 배경이 아니라, 안전과 감성, 지속 가능성을 동시에 지탱하는 핵심 구조다.

③ 심장(사람의 일상)은 도시의 의미를 완성한다

걷고, 머무르며, 관계를 맺는 일상의 리듬이 사라질 때 도시는 기능을 갖춰도 살아 있지 않다. 도시는 결국 사람의 하루를 위해 존재한다. 생명의 도시는 이 세 요소가 분리되지 않고 하나의 시스템으로 연결될 때 완성된다. AI는 두뇌로서 자연의 작동을 더 정밀하게 읽고, 사람의 일상이 그 흐름 위에서 안전하고 편안하게 이어지도록 조율한다.

도시의 두뇌, AI – 도시의 미래를 설계하는 기술

현대의 도시는 과거보다 훨씬 복잡한 존재가 되었다. 교통과 통신, 에너지와 같은 물리 인프라에 더해, 사람의 이동과 체류 패턴, 상업과 생활의 밀도 변화, 기온과 바람, 습도의 미세한 변동, 폭염과 폭우와 같은 기후 리스크까지, 도시 곳곳에서 서로 다른 신호들이 동시에 발생하며 얽혀 움직인다.

이처럼 동시다발적으로 움직이는 도시를 이제는 사람의 경험과 시야만으로 통제하기 어렵다. 도시에는 흐름을 한꺼번에 감지하고, 그 의미를 스스로 해석해, 상황이 악화하기 전에 먼저 조율할 수 있는 새로운 형태의 두뇌가 필요해졌다. 그 역할을 하는 존재가 바로 AI다.

AI가 읽어내는 것은 단순한 숫자나 지표가 아니다. 도로 위의 속도 변화, 사람들이 오래 머무는 장소의 패턴, 건물 숲을 돌아 들어오는 바람의 흐름, 폭우 때 물이 모여드는 저지대, 열이 쌓이는 그림자의 분포, 재난의 전조가 되는 미세한 이상 신호들까지, 인간에게는 파편화된 각각 다른 사건처럼 보이는 요소들이 AI의 시각에서는 하나의 연속된 '도시의 신경 신호'로 보인다.

그래서 AI는 도시보다 한발 먼저 움직인다. 폭우가 시작되기 전 물이 몰릴 경로를 예측하고, 열섬이 커지기 전 바람이 막힌 지점을 찾아 건축과 도로, 녹지의 흐름을 함께 조율한다. 교통이 막히기 전에 흐름을 분

데이터 네트워크는 교통, 자연, 생활의 흐름을 연결하며, AI가 도시의 회복력을 조율하는 두뇌를 상징한다.

산시키고, 불안이 쌓이는 골목에서는 '사건'이 발생하기 전 불안의 '구조와 조건'에서 선제적으로 찾아낸다.

빛과 소음, 밀도와 동선 같은 요소들에 대해서 일일이 설명하지 않아도, AI는 도시의 감정선으로 읽어내기 시작한다. AI는 도시를 '문제가 터진 뒤 대응하는 도시'에서 '문제가 생기기 전에 균형을 조율하는 도시'로 바꾼다.

그러나 두뇌만으로 생명체가 완성되지 않듯, 도시 역시 AI만으로는

AI 도시, 자연을 닮다

살아 있을 수 없다. 도시의 리듬을 되살리고 생명성을 불어넣는 영혼, 즉 자연이 필요하다.

도시의 영혼, 자연 - 도시의 생명을 되살리는 힘

자연은 더 이상 도시의 배경이 아니다. 자연을 잃는 순간 도시는 감성도, 회복력도, 안전도 함께 잃는다. 바람과 물, 녹지는 도시를 식히고 보호하며 지탱하는 생존의 조건이기 때문이다.

자연은 도시가 작동하는 방식의 근본 구조, 즉 도시의 영혼이다. 그리고 AI는 이 영혼의 작동 원리를 읽어 도시의 언어로 번역한다. 바람의 흐름은 공기 이동 경로로, 물의 흐름은 위험 완충 지형으로, 녹지의 배치는 정서와 온도의 안전망으로 해석해 도시가 스스로 균형을 되찾도록 돕는 것이다.

자연이 도시에서 작용하는 방식은 도시마다 다르다. 헬싱키는 숲을 생활권의 뼈대로 삼아 도시를 '숲의 결' 위에 재배치했고, 암스테르담은 수백 년 동안 물과 공존한 경험을 기후 위기 대응 전략으로 전환했다. 싱가포르는 바람길을 열어 열섬을 분산시키고 오염된 강을 되살려 도시의 순환 체계를 회복시켰다.

이처럼 자연은 도시가 잃어버린 기후 안정성, 정서적 안전감, 회복력을 되돌려 준다. 그리고 그 자연의 기능을 도시 전체로 확장시키는 두뇌가 바로 AI다. AI와 자연이 만날 때 도시는 기술의 도시를 넘어, 비로소 살아 있는 도시로 다시 태어난다.

생명의 도시를 완성할 세계 도시의 조각들

완벽한 도시는 존재하지 않는다. 도시마다 지형과 자연조건이 다르고, 역사와 문화, 삶의 방식이 서로 다르기 때문이다. 그래서 모든 도시가 같은 해답을 가질 수는 없다. 그러나 각 도시는 자신이 마주한 문제를 해결하는 과정에서, 생명의 도시를 구성하는 서로 다른 해법을 축적해왔다. 어떤 도시는 기술로, 어떤 도시는 자연으로, 또 어떤 도시는 일상의 구조를 바꾸는 방식으로 답을 찾아왔다. 접근 방식은 달랐지만, 그 실험들이 향한 방향은 분명하다.

도시는 기술만으로도, 자연만으로도 완성되지 않는다. AI라는 두뇌, 자연이라는 기반, 그리고 사람의 삶과 관계가 맞물릴 때 도시는 비로소 살아 움직인다. 이제부터 살펴볼 세계 도시들은, 이 세 요소를 각기 다른 방식으로 조합해온 사례들이다. 그 조각들을 하나씩 들여다보며, 생명 도시가 어떤 구조로 완성될 수 있는지를 살펴보고자 한다.

1. 싱가포르 - 도시 운영의 조각(두뇌의 도시)

싱가포르는 도시 전체를 하나의 운영체계로 통합한 대표 사례다. 도로와 대중교통, 수자원과 전력, 방재와 행정까지 모든 흐름을 실시간으로 연결하고 AI가 도시의 움직임을 조율하는 구조를 구축했다. '데이터라는 두뇌가 도시를 어떻게 운영하는지'를 가장 확실하게 보여준다.

2. 코펜하겐 - 감성과 자연의 조각(영혼의 도시)

코펜하겐은 도시의 중심을 기술이 아니라 사람의 감성에 두었다. 수변을 되살리고, 걷기 좋은 거리의 속도를 회복하며, 광장과 녹지를 생활 동선에 맞춰 촘촘히 연결했다. 도시는 자연을 회복하는 순간 감성과 생명력을 되찾는다.

3. 암스테르담 - 물과 순환의 조각

암스테르담은 수 세기 동안 물과 공존해온 도시다. 홍수와 범람, 해수면 상승의 위협 속에서 물과 함께 살아가는 법을 배웠고, 그 경험을 도시 전체의 순환 전략으로 바꾸었다. 물은 통제의 대상이 아니라 공존해야 할 자연의 일부다.

4. 헬싱키 - 인간 중심 생활 구조의 조각

헬싱키의 도시 구조는 '사람의 일상'에서 출발한다. 보행과 안전, 자연 접근성, 공공성 같은 기본 요소를 생활권 중심에서 재설계하며 숲과 녹지를 도시의 기반 구조로 삼았다. 기술보다 먼저 생활 리듬이 중심이 되어야 한다는 원칙을 보여준다.

5. 서울과 세종 - 압축과 연결의 한국형 조각

서울은 초고밀 도시 속에서 데이터 기반 회복력, 바람길 복원, 공원과 녹지의 확장, 다핵 구조 재정비 등을 통해 밀도와 자연의 공존 실험을 이어가고 있다. 또, 세종은 처음부터 자연과 이동을 중심에 둔 자연 기반 계획도시로, 녹지축과 보행축, 수변축과 바람길이 도시 전체를 잇는 생태적 연결망을 구축해 흐름을 분산시키고 안정시키는 구조를 실험하고 있다.

도시들이 만들어온 조각들은 서로 다른 해답처럼 보이지만, 사실은 모두 같은 질문을 향해 있다. 도시는 무엇을 회복해야 지속 가능할 수 있는가?

싱가포르는 도시의 두뇌를, 코펜하겐은 도시의 영혼을, 암스테르담은 자연과의 순환을, 헬싱키는 사람의 일상을, 서울과 세종은 밀도 속에서도 가능한 압축과 연결을 보여준다. 각 조각은 다르지만, 이 조각들이 가리키는 원리는 하나다.

도시는 기술만으로도, 자연만으로도 완성되지 않는다. 두뇌(AI)와 영혼(자연), 그리고 사람의 심장(일상)이 함께 뛰어야 도시는 비로소 생명체가 된다.

AI는 서로 다른 조각을 연결하고 조율하는 두뇌가 되고, 자연은 도시 전체를 감싸며 숨과 온기를 되돌리는 영혼이 된다. 그리고 사람은 여전히 도시의 심장으로 남아 도시가 왜 존재해야 하는지를 증명한다.

AI는 두뇌, 자연은 영혼, 사람은 심장이다. 이 세 가지가 함께 박동하는 순간, 도시는 더 이상 설계된 구조물이 아니라 스스로 살아 움직이는

AI 도시, 자연을 닮다

도시, 곧 '생명의 도시'로 완성된다.

이제 다음 챕터에서는 이 생명의 도시가 따라야 할 원칙과 미래 도시가 지켜야 할 선언을 정리한다.

회복과 공존을 위한
미래 도시 선언

    도시는 지금 거대한 전환점 앞에 서 있다. 기후 위기와 예측할 수 없는 재난은 도시의 기반을 흔들고 있는 현실에서, 도시가 더 이상 기술과 구조물만으로는 지속될 수 없다는 사실은 분명하다. 그러나 도시는 스프롤의 시대로 되돌아갈 수 없다. 앞으로의 도시는 더 압축되고, 더 촘촘하게 연결될 것이다. 이는 경제와 생활, 이동의 효율을 고려할 때 피할 수 없는 도시의 진화 방향이다. 따라서 도시가 마주한 핵심 과제는 '압축될 것인가, 팽창할 것인가'가 아니다. 압축된 도시가 자연의 순환을 어떻게 회복할 것인가, 그리고 그 안에서 사람이 어떻게 다시 편안하게 숨 쉴 수 있을 것인가다.

    앞으로 도시의 경쟁력은 고층의 높이, 속도의 빠르기, 효율의 수치로 결정되지 않을 것이다. 물과 바람이 흐르고, AI가 그 흐름을 정교하게 조율하며, 사람이 이동에 지치지 않고 일상을 가까이 누릴 수 있는 구조를 갖추었는가, 그것이 미래 도시를 가르는 기준이 될 것이다. 여기서는 우리가 앞으로 만들어가야 할 도시, 즉 '가장 살고 싶은 도시'의 조건을 정리하고, 그 미래를 향한 하나의 선언을 담고 있다.

우리가 가장 살고 싶은 도시

그렇다면, 사람들은 어떤 도시에서 살고 싶어 할까? 놀랍게도 그 요건은 복잡하지 않다. 표현은 다를지라도, 사람들은 본능적으로 일상이 흩어지지 않고, 자연이 가까우며, 안정과 기회가 함께 존재하는 도시를 원한다. 구체적으로 바라보면 다음과 같은 조건으로 정리된다.

1. 생활권 안에서 일상이 해결되는 도시

교육과 돌봄, 의료와 문화, 그리고 업무가 하루의 동선 안에 놓여 불필요한 이동을 줄여주는 도시다.

2. 자연이 배경이 아니라 '일상'이 되는 도시

녹지와 수변이 정서적 회복을 제공하고, 도시의 열을 식히며, 멀리 나가지 않아도 산책과 휴식이 가능한 도시다.

3. 예측 불가 시대에도 안전하고 회복력 있는 도시

폭염과 홍수, 미세먼지로부터 스스로를 지켜내고, 재난을 대비해 복원력이 확보된 도시다.

4. 기회가 지역 안에서 순환하는 도시

생활권 기반의 일자리와 누구나 접근 가능한 공공서비스가 균형을 이루는 도시다.

이 조건들은 결코 이상적이거나 추상적인 개념이 아니다. 이미 여러 세계 도시들이 이 구조를 목표로 재편하고 있으며, 우리나라에서도 서울의 2040 도시계획이 '생활권과 녹지축, 연결망' 체계를 통해 이 방향을 실질적으로 구현하고 있기 때문이다.

지금 필요한 것은 이 구조를 더 정교하게, 더 자연 기반적으로 작동하게 만드는 일이다. 그리고 그 핵심 기술이 이제 AI로 이동하고 있다.

물과 바람을 품는 도시

AI가 자연의 흐름을 조율하는 생명 기반 도시.
사람이 정말 살고 싶은 도시는 결국 물과 바람의 순환 위에 세워진다.

물의 순환은 빗물을 위협이 아니라 자원으로 바꾸고, 저류와 순환을 통해 홍수를 복원력으로 전환하며, 수변과 물길을 통해 사람들의 정서를 회복시키는 도시의 기반이 된다.

바람의 순환은 뜨거워진 도시의 열을 식히고, 정체된 공기와 오염을 흩뜨리며, 강과 능선, 도심의 골목을 따라 자연스러운 흐름을 만들어 도시 전체의 호흡을 회복시키는 힘이다.

그러나 압축도시에서 이 두 흐름을 되살리는 일은 과거보다 훨씬 복잡한 도전이다. 도시의 열, 그늘, 수분, 지형, 건물의 높낮이, 그리고 사람들의 체류 패턴까지 복합적으로 얽혀 있기 때문이다. 그래서 AI가 자연과 도시를 잇는 '조율자'로 등장한다. AI는 다음과 같은 요소를 실시간으로 읽고 통합 조정한다.

· 물이 모이거나 고이는 지점
· 열이 쌓이고 바람이 막히는 공간
· 스카이라인이 바람 흐름에 미치는 영향
· 골목과 광장에서의 체류 패턴
· 그늘과 햇빛이 정서와 활동 방식에 미치는 효과

이 모든 데이터를 디지털 트윈 위에서 분석해 AI는 도시를 하나의 생명체처럼 조율한다. 그 결과, 압축된 도시에서도 물과 바람이 가장 자연스러운 경로로 흐르게 되고, 도시는 스스로의 회복력을 되찾게 된다. 이렇게 좋은 도시는 자연이 숨 쉬고, 그 자연을 AI가 도시의 언어로 번역해주는 도시다.

미래 도시 선언

우리가 꿈꾸는 도시의 미래는 분명하다. 기술이 도시를 움직이고, 자연이 도시를 치유하며, 사람이 의미를 완성하고, AI가 그 흐름을 조율하는 도시. 이것이 앞으로 우리가 지향해야 할 새로운 도시의 표준이다.

그래서 미래의 도시는 다음을 선언해야 한다.

1. 물은 위험이 아닌 도시의 순환 자원이다

빗물은 저장되고, 순환되며, 도시의 열을 식히는 생명 기반 인프라가 된다. 홍수와 폭우는 위험이 아니라 복원력으로 전환된다.

2. 바람은 도시의 숨길이다

바람길과 녹지축, 스카이라인을 조율해 도시 전체의 호흡을 회복하고 열과 오염을 낮춘다.

3. 이동이 짧고 연결이 잘된 도시가 지속 가능하다

보행과 자전거, 대중교통이 중심이 되는 압축도시는 에너지와 시간의 낭비를 줄이고 일상의 질을 높인다.

4. AI는 도시의 흐름을 조율하는 두뇌다

예측과 판단, 조율과 운영을 통합해 도시의 자연 순환과 생활 리듬을 가장 안정적으로 유지한다.

5. 자연은 도시의 영혼이다

녹지와 수변, 그리고 바람길은 단순한 경관이 아니라 도시의 정서와 생태를 지탱하는 핵심 구조다. 자연이 사라진 도시에는 행복도, 기억도, 회복도 없다.

6. 사람은 도시가 존재하는 이유다

도시의 계산은 AI가 할 수 있지만, 도시의 의미는 인간이 완성한다. 모든 도시 전략의 결론은 언제나 '사람'이어야 한다.

물과 바람이 흐르고, AI가 그 흐름을 조율하며, 사람이 편안하게 숨 쉬는 도시. 그것이 우리가 선언하는 미래 도시이자, 앞으로 만들어가야 할 지속 가능한 생명의 도시다.

산업의 도시였던 이곳은 물과 바람의 순환을 회복하며 생명의 도시를 향한 첫걸음을 내딛고 있다.

AI 도시, 자연을 닮다

당시 어머니는 담도암을 앓고 계셨다.

언제나 건강하시던 팔순의 어머니에게 너무나 가혹한 병이었다.

어느 날이었다.

"엄마 소원 하나 들어줄래?"

막내아들에게 말씀하시는 어머니의 눈에 눈물이 맺혀 있었다.

어머니는 청송에 가고 싶다고 하셨다.

나는 그 말을 듣는 순간 가슴이 먹먹해졌다.

청송은 어머니가 가장 싫어하는 고장이었기 때문이다.

부유했던 어머니는 한순간 사업 실패로 모든 것을 잃고,

도망치듯 숨어든 외지고, 외진 곳이 바로 청송군의 산골 마을이었다.

그곳에서 어머니는 어린 6남매를 건사하며 죽을힘을 다해 사셨다.

나는 그곳에서 8남매의 7번째, 막내아들로 태어났다.

그래서 청송은 나에게는 고향이었고, 어머니에게는 지옥이었다.

그런데, 고생하는 어머니를 더 힘들게 한 것이 있었다.

그 고장에서 나는 달기 약수로 푹 고은 백숙과 막걸리 한 사발.

어머니는 가난으로, 노동으로, 서울로의 이주로

그 음식을 한 번도 드셔보지 못하고 청송을 떠났다.

그리고 40년이 훌쩍 지난 어느 날,

죽음을 감지하신 어머니에게 그것은 마지막 소원이 되었다.

청송에 가서 백숙 한 그릇 드시고 싶다는 것이.

가족들이 반대했지만,

나는 어머니의 마지막 소원을 외면할 수 없었다.

청송 달기 약수터의 작은 식당에서

어머니는 백숙 한 그릇을 거뜬하게 드셨다.

산삼 막걸리도 한잔 맛있게 비우셨다.

그리고, 2주 뒤 사랑하는 어머니는 우리 곁을 떠나셨다.

어머니는 늘 이렇게 말씀하셨다.

"사람의 욕심은 한이 없어 늘 높은 곳만 바라보는데,

물은 항상 낮은 곳으로 흐른단다. 욕심을 비우면 얼굴이 선해져."

겸손하고 예의 바르게, 낮은 곳으로 흐르듯 살아가라고 말씀하시던

그 말씀이 지금도 사무치게 그립다.

어머니를 생각하면,

어린 시절 대도시 서울에서

어머니와 함께 보았던 회색빛 하늘이 떠오른다.

나는, 회색빛 서울 하늘을 쳐다보면서 어머니께 말했다.

저 하늘 뒤에는 분명 맑고 청명한 또 다른 하늘이 있을 것이라고.

그 청명한 하늘은 '언젠가 완성하고 싶은 도시의 모습'이었다.

그런데, 이제 와 생각해보면,

그 하늘은 다름 아닌 어머니의 하늘이었다.

어머니가 평생 보여주신 낮은 곳으로 흐르는 삶,

말없이 품고, 기다리며, 다시 살리는 생명의 힘.

그것이 내가 찾고자 했던 푸른 하늘의 정체였다.

도시가 자연을 닮는다는 말은,

결국 도시가 그 어머니의 원리를 닮아야 한다는 뜻이었다.

바람처럼 조용히 식히고,

물처럼 낮은 곳으로 흘러가며,

더 좋은 방향으로 길을 열어주는 힘.

어머니는 내게 그 모든 자연의 방식을

삶으로 가르쳐 주셨다.

AI 도시, 자연을 닮다

기술의 도시는 편리함을 만들어냈다.
그러나 편리함만으로는
사람들의 온도를 따뜻하게 만들지 못한다.

AI는 도시를 움직일 수 있다.
그러나 도시에 생명을 불어넣는 것은
바람과 물, 흙과 빛이 이루는 자연의 흐름,
그리고 그 속에서 살아가는 사람들이다.

이 책이 끝까지 붙들고 온 질문도 결국 하나였다.
'도시는 어떻게 다시 살아나는가?'

그 답은 복잡하지 않다.
AI가 도시의 두뇌가 되고,
자연이 도시의 영혼이 되고,
사람이 도시의 이유가 될 때
도시는 비로소 생명으로 깨어날 것이다.

도시는 더 높아질수록, 더 깊어져야 하고,
더 커질수록, 더 숨 쉬어야 하며,
더 빨라질수록, 더 사람다워져야 한다.
이것이 우리가 향해야 할
새로운 도시 문명의 방향이다.

어머니와 함께 하늘을 보던 기억을 나는 잊지 못한다.

어린 시절, 고향에서 어머니 품에 안겨 올려다보던 그 맑은 하늘.

서울에 올라와 회색빛 하늘 뒤에 있을 거라고 소망했던

맑고 청명한 또 다른 하늘.

그리고 어머니의 마지막 여행에서 바라보았던

그 눈부시게 푸르렀던 하늘.

돌아보면, 내가 평생 만들고자 했던 도시의 하늘 또한

어머니와 함께 보았던 바로 그 하늘이 아니었을까?

나는 오늘도 도시의 회색 틈 속에서 그 하늘을 찾는다.

그리고 믿는다.

우리가 자연의 흐름을 다시 잇고,

AI의 지혜를 더해 도시를 되살려낼 때

그 하늘은 다시 우리 앞에 펼쳐질 것이라고.

그날, 도시는 다시 사람을 품을 것이고

사람들은 다시 도시를 사랑하게 될 것이다.

기술이 도시를 움직이고,

자연이 도시를 살리고,

사람이 도시를 완성하는 문명.

AI 도시, 자연을 닮다

그 문명이,

우리가 마침내 이르게 될

미래의 도시이기를 바라며

긴 여정을 여기서 마무리한다.

회복의 시대, AI가 만드는 미래

AI 도시, 자연을 닮다

제1판 1쇄 2026년 3월 30일

지은이   심재국
펴낸이   허연   **펴낸곳**   매경출판(주)
기획제작   (주)두드림미디어
책임편집   최윤경   **디자인**   얼앤똘비악earl_tolbiac@naver.com
마케팅   한동우, 박소라, 김영관

매경출판㈜
등록 2003년 4월 24일(No. 2-3759)
주소 (04557) 서울시 중구 충무로 2(필동1가) 매일경제 별관 2층 매경출판㈜
홈페이지 www.mkbook.co.kr
전화 02)333-3577
이메일 dodreamedia@naver.com(원고 투고 및 출판 관련 문의)
인쇄·제본 ㈜M-print   031)8071-0961
ISBN 979-11-6484-861-4 (03300)

책 내용에 관한 궁금증은 표지 앞날개에 있는 저자의 이메일이나
저자의 각종 SNS 연락처로 문의해주시길 바랍니다.